문제는
유혹이다

문제는 유혹이다

© 생명의말씀사 2016

2016년 5월 10일 1판 1쇄 발행

펴낸이 | 김재권
펴낸곳 | 생명의말씀사

등록 | 1962. 1. 10. No.300-1962-1
주소 | 서울시 종로구 경희궁1길 5-9(03176)
전화 | 02)738-6555(본사) · 02)3159-7979(영업)
팩스 | 02)739-3824(본사) · 080-022-8585(영업)

지은이 | 김지찬

기획편집 | 서정희, 박혜주, 유영란
디자인 | 윤보람
인쇄 | 영진문원
제본 | 정문바인텍

ISBN 978-89-04-16512-4 (03230)

저작권자의 허락없이 이 책의 일부 또는 전체를
무단 복제, 전재, 발췌하면 저작권법에 의해 처벌을 받습니다.

고난을 피하고 싶은 성도들이 부딪힌 진짜 시험

문제는 유혹이다

김지찬 지음

생명의말씀사

차례

프롤로그   풍요로운 한국 교회 성도들이 맞이한 진짜 시험 · 7

Part 1

시험과 유혹 :
시련이 없는 것이 가장 큰 시련이다

1. 시험은 성령과 마귀의 합동작전인가? · 19
2. 유혹은 환경이 아니라 인간 내부에 있다 · 35

Part 2

떡의 유혹 :
"배고프면 스스로 떡을 만들어 먹어"

"돌로 떡덩이가 되게 하라"
1. 굶주린 예수님이 돌로 떡을 만들어 먹는 것이 왜 유혹일까? · 45

"사람이 떡으로만 살 것이 아니요"
2. 주변에 돌만 있어도 때에 맞게 떡을 주실 하나님을 신뢰하라 · 53

Part 3

안전 보장의 유혹 :
"하나님은 네 안전과 편안을 지키는 분이잖아"

"하나님의 아들이면 뛰어내리라"
1. 하나님의 말씀을 인용한 마귀의 말이
   왜 유혹일까? • 71

"너의 하나님을 시험하지 말라"
2. 말씀은 개인의 안전을 위한
   호신용 부적이 아니다 • 91

에필로그 유혹에서 승리하신 그리스도 안에 머물라 • 103

프롤로그

풍요로운 한국 교회 성도들이 맞이한 진짜 시험

"돌로 떡덩이가 되게 하라."
"하나님의 아들이면 뛰어내리라."

광야에서 예수님이 받으신 시험은 어떤 의미인가? 이 질문은 우리에게 매우 중요하다. 마귀는 현시대를 살아가는 우리에게도 똑같은 유혹을 하고 있기 때문이다.

지금 한국 교회는 서구 교회가 걸어간 쇠퇴의 길을 따라갈 위기에 처해 있다. 왜 사람들은 기독교로부터 등을 돌릴까? 기독교인들이 세상으로부터 거센 비난을 받게 된 이유는 무엇일까?

현재 한국 교회가 당면한 위기의 본질은 핵심 원인을 직면하지 않는 데 있다. 서구 교회의 전철을 밟지 않으려면 한국 교회가 위기를 맞은 원인이 무엇인지를 정확히 진단하고 나아갈 길을 모색해야 한다.

지금 우리가 당면한 위기의 원인을 암시하는 영화 두 편이 있다. 지난 30년 사이에 그리스도를 주인공으로 하는 두 편의 영화가 그리스도인들 사이에 큰 화제를 일으켰다. 하나는 마틴 스콜세지 감독이 1988년에 만든 "그리스도 최후의 유혹"(The Last Temptation of Christ)이고 다른 하나는 멜 깁슨 감독이 2004년에 만든 "패션 오브 크라이스트"(The Passion of the Christ)이다.

"그리스도 최후의 유혹"에 대해서는 그리스도인들이 거세게 반발한 반면 "패션 오브 크라이스트"에 대해서는 박수 갈채를 아끼지 않았다.

두 영화에 대한 그리스도인들의 상반된 반응은 언뜻 보면 너무나 당연한 것 같다. "그리스도 최후의 유혹"에서 예수님은 십자가에 못 박힌 마지막 순간 환상 속에서 한 소녀를 본다. 이 소녀는 자신을 천사로 소개하면서 예수에게 "당신은 하나님의 아들도 메시아도 아니다"라고 말한다. 그리고 "하나님은 당신을 사랑하시며 행복하게 살기를 바라신다"라고 유혹한다.

예수는 이 소녀의 말을 듣고 십자가에서 내려온 후, 막달라 마리아와 결혼해 많은 자녀를 낳고 목수 일을 하며 행복하게 살아간다.

물론 영화는 이 모든 게 환상이었으며 예수가 이 마지막 유혹을 물리치고 끝내 십자가에서 죽음을 선택한다는 내용으로 이어진다. 결국 유혹한 소녀는 사탄인 셈이다.

마틴 스콜세지 감독은 이 영화를 통해 예수님은 하나님의 아들이기 때문에 유혹을 받지 않은 것이 아니라, 우리와 마찬가지로 온갖 달콤한 유혹을 받았지만 물리치고 마침내 십자가에 달려 죽기로 선택하셨다는 걸 강조하고 있다.

어떻게 보면 당연한 주장인데도 이 영화가 엄청난 비난을 받게 된 것은 예수께서 받은 마지막 유혹을 영화적 상상력으로 성경에 없는 내용까지 첨가해 너무나 실제적이고 구체적으로 묘사했기 때문이다.

아무리 환상이었다 하더라도 예수께서 막달라 마리아와 동침하는 장면은 경건한 그리스도인들이라면 받아들이기가 쉽지 않은 것이 사실이다.

반면에 "패션 오브 크라이스트"는 성경 내용에 매우 충실하게 그리스도의 수난을 묘사했다. 특별히 그리스도께서 빌라도에게 재판 받고 십자가에 못 박히는 장면을 너무나 생생하게 묘사하고 있어서 많은 그리스도인이 우리를 위해 예수께서 감당하신 고통을 느끼고 감동 받았다.

그러나 기독교 방송 언론인 권혁률 씨는 두 영화에 대한 상반된 반응에 대해 이렇게 지적하고 있다.

우리가 현실적으로 체험하지 않아도 되는 그리스도의 '수난'에 대해서는 뜨거운 반응을 보이지만, 지금 이 시대에도 우리에게 다가오고 있는 물질과 명예, 쾌락 등의 수많은 '유혹'을 이겨냄에 대해서는 어찌 보면 다소 의도적으로 외면하려는 무의식이 혹시라도 작용하고 있는 것은 아닌지 한번쯤 깊이 묵상해 볼 일이다.[1)]

이 두 영화에 대한 상반된 평가가 고난에는 강하게 반응하지만 유혹은 외면하는 그리스도인들의 무의식이 깔려 있는 것이 아니냐는 지적에 동의하지 않을 수 없다.

우리는 어떤가? 우리 대신 고난 당하신 그리스도에 대해서는 열렬히 받아들이면서도, 그리스도가 유혹을 이겨내신 것처럼 우리 또한 수많은 유혹을 이겨내고 살아야 한다는 점에 대해서는 무의식적으로 외면하고 있을지도 모른다.

그런 점에서 "그리스도 최후의 유혹"이란 영화는 '유혹'의 성격을 이해하는 데 도움이 된다. 작가 구미정 씨는 예수님이 받으신 유혹의 순간을 이렇게 묘사했다.

하나님은 아들이 십자가에서 처참히 죽어가는데도 묵묵부답이다. … 제자들도 다 떠나갔다. … 지나가는 사람들이 손가락질하며 조롱한다. 참으로 신의 아들이라면 스스로를 구원하고 십자가에서 내려오라고, 자기도 구원하지 못하는 주제에 어떻게 남을 구원하냐고. … 외롭다. 하늘도 땅도 다 나를 버린 것만 같다. … 마음이 천 갈래 만 갈래 찢어지는 사이, 문득 드는 유혹 하나. 아, 평범한 사람으로 살아 봤으면…

'남다른' 삶을 살아 봤자, 모난 돌이 정 맞는다고, 고생길만 훤하지 누가 알아준단 말인가? 봐도 못 본 척, 들어도 못 들은 척, 그냥 세상 흘러가는 대로 사는 게 인생이지, 내가 뭐 잘났다고 나서서 세상을 바꾼답시고 애를 썼나.[2]

"그리스도 최후의 유혹"은 1988년에 미국에서 촬영 중에 이미 "악마의 필름"이란 소리를 듣고, 한국에는 10년이 지난 1998년에 수입되었지만 곧바로 상영되지 못하고 2002년에 비로소 개봉했다. 물론 예상대로 한국에 들어와서는 흥행에 참패했다.

그러나 최소한 이 영화는 평범한 삶을 살라고 제안하는 사탄의 유혹이야말로 인간이 가장 견디기 힘든 시험임을 우리에게 시사해 준다.

지금까지 한국 성도들은 역사적으로 아픔의 세월을 보내면서 외부에서 닥치는 고난을 극복하는 데에는 어느 정도 훈련이 되어 있다.

하지만 마귀의 유혹에 대해서는 그 성격이 무엇인지 알지 못할 뿐더러 마귀의 유혹을 받고 극복할 충분한 준비가 되어 있지 않다. 어쩌면 이것이 21세기 들어서서 한국 교회가 쇠퇴하는 가장 중요한 원인일지 모른다.

고난과 유혹 중에 무엇이 더 어려운 시험일까? 우리는 고난의 상황 자체가 시험이라고 생각하지만 사실 고난을 피하라고 하는 유혹이 시험인 경우가 많다. 실제로 나이가 어느 정도 들어서 보면 외부적으로 주어지는 고난을 견디는 것보다 풍요와 안전에 대한 유혹을 견디기가 더 어렵다는 사실을 알게 된다.

일제강점기의 강압적인 식민지 통치와 6.25 전쟁이란 외부적 고난 속에서도 급속한 성장을 이루고 세상의 칭찬을 받던 한국 교회가, 1980년대 이후 풍요를 경험하면서 오히려 성장세가 꺾이게 되었을 뿐 아니라 세상의 비난을 받게 된 것은 고난을 견디는 것보다 유혹이 더 어려운 시험임을 잘 보여 주고 있다.

그럼에도 불구하고 많은 그리스도인들은 마귀의 유혹에 대해 무의식적으로 외면하는 경향을 보이면서 유혹에 무방비 상태에 놓이게 되었다. 이제 부유한 한국 교회 성도들이 맞이하는 진짜 시험은 경제적 궁핍과 물리적 고통으로 인한 '고난'보다 마귀의 달콤한 '유혹'이다.

마귀는 시련이 없는 삶을 살라고 지금도 우리를 유혹하고 있다. 떡이 없으면 기다리지 말고 "네 힘으로 떡을 만들어 먹어"라고, 소명을 잊은 채 하루하루의 작은 행복에 만족하고 있는데도 "하나님의 말씀을 듣고 있기만 하면 너는 편안하고 안전할 거야"라고 마귀는 달콤한 목소리로 유혹한다.

성경 역사는 인간이 유혹을 피할 수가 없음을 보여주고 있다. 구약 성경은 인류 역사를 아담과 하와가 뱀에게 유혹을 받아 타락하는 이야기로 시작하고 있으며, 이스라엘 민족사 역시 출애굽 후에 광야에서 40년간 시험을 당하다가 끝내 1세대가 모두 광야에서 멸망 당한 이야기로 시작하고 있다.

신약도 마찬가지이다. 공관복음서 모두 초반부에 예수께서 광야에서 사탄에게 유혹 당한 기사를 중요하게 다루는 이유가 무엇일까? 심지어 아무것도 없는 광야에서조차 마귀의 유혹은 지속된다.

이는 마귀의 유혹을 이기는 것이 인간적으로는 불가능함

을 보여 주는 동시에, 유혹을 이기려면 우리가 어떻게 해야 하는지 알려 주기 위해서이다.

현재 교회 안에는 유혹을 이겨 본 적이 없는 약골 성도들로 가득하다. 마귀의 유혹을 하나님의 말씀으로 이겨 본 경험이 점점 사라지거나 약화되면서 하나님의 살아 계심과 하나님의 말씀의 능력을 경험해 보지 못한 신자들이 늘어나고 있는 것이 문제이다.

그런 의미에서 광야에서 예수께서 마귀에게 받으신 유혹의 이야기는 우리 자신의 '영적 상태'와 '하나님의 자녀로서의 소명'을 깨닫게 하는 매우 중요한 말씀이다. 예수님이 광야에서 받은 마귀의 유혹에 대해 깊이 살펴보며 우리가 맞서야 할 진짜 시험이 무엇인지 깨닫는 은혜가 있길 바란다.

마 4:1-2
1. 그 때에 예수께서 성령에게 이끌리어 마귀에게 시험을 받으러 광야로 가사
2. 사십 일을 밤낮으로 금식하신 후에 주리신지라

Part 1

시험과 유혹 :
시련이 없는 것이 가장 큰 시련이다

01
시험은 성령과 마귀의 합동작전인가?

　예수님이 광야에서 시험을 당하는 스토리는 그리스도인이라면 누구나 잘 아는 이야기이지만, 실제로는 피부에 잘 와닿지 않는 게 사실이다. 현대 그리스도인들은 '마귀', '사탄'을 성경 속의 등장인물로 개념적으로는 존재를 인정하지만, 실제 나의 일상에 마귀가 어떻게 개입하는지에 대해서는 막연한 생각만을 하기 때문이다.

　마귀가 어떤 모습으로 나를 유혹하며 다가오는지에 대해서 알려고도 하지 않고 심각하게 생각하지도 않는다. 나의 삶을 실제로 유혹하는 인격적 존재로 여기지 않는 것이다.

또 현대인들은 시험과 유혹을 종교적 개념이 아니라 도덕적 개념으로만 이해하는 경향이 있다. '시험'은 사람들이 새로운 기회를 위해 치러야 하는 도전으로, '유혹'은 그저 우리를 자극하는 사건 정도로만 본다. 그러다 보니 시험과 유혹을 심각하게 받아들이지 않고 있다.

그러나 성경은 하나님께서 자녀들의 믿음을 단련시키기 위해 시험하시며, 마귀는 하나님의 자녀들을 실족시키기 위해 유혹한다고 말하고 있다. 시험과 유혹은 단순히 도덕의 문제가 아니라 종교적 문제, 다시 말해 축복과 저주의 문제, 삶과 죽음의 문제, 구원과 멸망의 문제인 것이다.

시험인가 유혹인가

"예수께서 성령에게 이끌리어 마귀에게 시험을 받으러 광야로 가사"(마 4:1).

예수님의 유혹 기사를 보면 예수께서 시험 받으신 것이 성령과 사탄의 합동작전처럼 보인다. 사탄에게 시험을 받도록 예수님을 광야로 이끌고 가신 게 성령님이라는 것이다.

왜 성령께서 예수님을 광야로 이끌고 가서 40일 밤낮을 굶주리게 한 후에, 사탄으로 하여금 시험하도록 하시는지 잘 이해가 되지 않는다. 성령님은 그저 예수님이 사탄에게 시험을 받는 것을 허용한 정도가 아니라, 주도적으로 이 시험에 관여하고 계시기 때문이다.

여기서 시험과 유혹이란 단어의 개념 정의가 필요할 것 같다. 아래 성경 본문을 보면 시험은 감당해야 하지만 유혹은 피해야 한다고 되어 있다.

"사람이 감당할 **시험**밖에는 너희가 당한 것이 없나니 오직 하나님은 미쁘사 너희가 감당하지 못할 **시험** 당함을 허락하지 아니하시고 **시험** 당할 즈음에 또한 피할 길을 내사 너희로 능히 감당하게 하시느니라"(고전 10:13).

"그곳에 이르러 그들에게 이르시되 **유혹**에 빠지지 않게 기도하라 하시고"(눅 22:40).

성경이 말하는 시험과 유혹의 성격을 이해하기 위해서는 위의 본문에서처럼 시험과 유혹이란 단어를 구분해서 쓰는 것이 필요하다.

사탄은 우리를 넘어트리려고 '유혹'하는 반면 하나님은 우리를 단련시키기 위해 '시험'하신다고 구분하는 게 이해가 쉽다. 기독교의 신조나 십계명을 가르치는 교리 문답에서도 전통적으로 하나님이 하시는 시험에 유혹이란 단어를 사용하지 않는다.

우리가 조심해야 하는 것은 사탄의 유혹이다. 그러나 하나님의 시험은 우리의 신앙을 단련하기 위한 것이기에 믿음으로 시험을 잘 치러 내야 하는 것이다.

"시험을 참는 자는 복이 있나니 이는 시련을 견디어 낸 자가 주께서 자기를 사랑하는 자들에게 약속하신 생명의 면류관을 얻을 것이기 때문이라"(약 1:12).

그런데 인간 편에서는 '사탄의 유혹'과 '하나님의 시험'을 구분하기가 어렵다. 사탄은 하나님에게 시험 받는 사람을 유혹할 수도 있고, 하나님께서는 사탄의 유혹을 계기로 한 사람을 연단할 수도 있기 때문이다.

그래서 성경에서는 시험과 유혹을 동일한 단어로 쓴다. 흥미롭게도 위의 본문에서 시험과 유혹은 모두 헬라어로 페이라스모스(πειρασμος; peirasmos)이다.

"사람이 감당할 **시험**(πειρασμος; 페이라스모스; temptation)밖에는 너희가 당한 것이 없나니 오직 하나님은 미쁘사 너희가 감당하지 못할 **시험** 당함을 허락하지 아니하시고 **시험**(πειρασμος; 페이라스모스; temptation) 당할 즈음에 또한 피할 길을 내사 너희로 능히 감당하게 하시느니라"(고전 10:13).

"그곳에 이르러 그들에게 이르시되 **유혹**(πειρασμος; 페이라스모스; temptation)에 빠지지 않게 기도하라 하시고"(눅 22:40).

이렇게 성경에서 '페이라스모스'란 단어는 '시험'의 의미와 '유혹'의 의미를 동시에 가진다. 이렇게 한 단어로 시험과 유혹을 동시에 가리키게 된 것은 시험과 유혹이 인간 편에서 쉽게 구분할 수 있는 것이 아니기 때문이다.

시험(페이라스모스)이라는 말에 하나님이 주시는 '시험'과 사탄의 '유혹'이 함께 포함될 수 있다는 사실을 염두에 두면서도 시험은 하나님께서 인간의 신앙을 강건하게 하고 복 주시기 위해 행하시는 것이며 유혹은 사탄이 인간을 넘어트리고 저주하기 위해 행하는 것으로 구분할 필요가 있다.

따라서 주기도문의 한 부분을 이렇게 번역하는 게 좋을지도 모른다는 생각이 든다. "우리를 시험에 들게 하지 마시옵고 다만 악에서 구하시옵소서"(마 6:13)라고 하기보다는 "우리를 유혹에 들게 하지 마시옵고 다만 악에서 구하시옵소서"라고 하면 더욱 뜻이 분명해진다.

천주교에서는 "저희를 유혹에 빠지지 않게 하시고 저희를 악에서 구하소서"라고 번역하고 있다. 천주교에서는 마태복음 4장 1절도 "그때에 예수님께서는 성령의 인도로 광야에 나가시어, 악마에게 유혹을 받으셨다"라고 하여 개역개정에서 시험으로 번역한 것을 유혹으로 번역하고 있다.

분명한 건 그리스도인들이 세상을 살면서 시험, 즉 하나님의 시험과 사탄의 유혹을 피할 수가 없다는 사실이다. 그런데 오늘날 우리는 시험 자체를 부정적으로만 보고 가능한 한 시험을 피하려고 한다. 왜냐하면 시험은 대개 고난이 함께 오기 때문이다.

많은 성도들은 그저 고난을 피하려고만 한다. 이러다 보니 하나님의 시험과 마귀의 유혹을 구분하지 못할 뿐 아니라, 마귀의 유혹이 무엇인지조차 모르게 된다. 이것이 한국 교회가 안고 있는 가장 큰 약점이다.

마귀의 목적은 성도들을 '고난'에 빠뜨리는 것 자체가 아니다. 마귀는 성도들에게 고난이 없는 삶을 살아가라고 달콤한 말로 유혹한다. 그리고 시험의 상황에 놓여 고난을 겪게 됐을 때도 하나님의 뜻을 거스르도록 유혹한다.

그래서 하나님의 뜻대로 살려다 보면 마귀의 유혹을 받지 않을 수 없다. 다시 말해 하나님의 뜻대로 살지 않는 그리스도인들은 마귀가 굳이 유혹할 필요가 없다. 그런 점에서 종교개혁자 마틴 루터는 "시련이 없는 것, 그것이 가장 큰 시련"이라고 했다.

하나님만 의지해 유혹을 이겨 본 경험이 있는가?

루터는 마귀의 유혹을 받을 때 하나님만을 신뢰함으로 승리해 본 경험이 없이는 우리가 하나님의 살아 계심을 알 수 없다고 말했다.

하나님의 말씀을 붙잡고 마귀의 유혹을 이겨 보아야 "하나님의 말씀이 얼마나 바르고 진실하며, 하나님의 말씀이 얼마나 달콤하고 사랑스러우며, 하나님의 말씀이 얼마나 강력하며 위로가 가득한 것인지" 알 수가 있다는 것이다. 이런 의미에서 루터는 사탄을 심지어 "신학의 최고의 선생"이라고 불렀다.

결국 사탄의 유혹과 시련을 말씀으로 이겨낸 경험이 줄어들면서, 하나님의 살아 계심과 말씀에 대한 확신이 약화되고 있는 것이 한국 교회의 가장 큰 문제이다.

미국 교회의 이야기지만 에콰도르에서 28살에 순교를 한 짐 엘리엇은 1950년 2월 4일자 일기에서 이미 65년 전에 이 점을 정확하게 지적하였다.

칼을 뽑아들었다는 의식, 마귀의 세력과의 전쟁 등 선교사들의 글에 종종 등장하는 내용을 나는 미국 땅에서 한 번도 경험하지 못했다. … 선교 현장에 퍼부어지는 마귀의 공격은 살아 있는 현실이다. 우리는 마귀가 '인격체'임을 믿는다고 말하지만 실은 마귀를 실체로 대하지 않는다. 그 결과 우리의 전투는 그림자와의 싸움이 되어 버렸으며 기껏해야 지루한 말들의 설전으로 전락하고 말았다. 우리에게서 전투 함성은 사라졌고 그저 하품만 하고 있다. … 우리는 하나님이 부르신 소명의 능력, 파괴하고 다시 살리는 하나님의 능력을 깨닫지 못하고 있다.[3]

한국 교회는 과거 부흥의 시기와 사회적, 경제적, 영적 상태가 달라졌다. 풍요로운 현시대를 살고 있는 우리에게도 마귀와의 전투가 그림자와의 싸움이 되어 버리진 않았을까?

그런 점에서 마귀에게 시험을 당하시는 예수님의 이야기는 우리의 상태와 하나님의 자녀로서 그리스도인의 소명이 무엇인지를 깨닫게 하는 계시의 말씀이다. 이 말씀의 의미를 더 깊이 살펴보도록 하자.

어떤 사람이 시련을 당하는가

마가복음 1장 12절을 보면 "성령이 곧 예수를 광야로 몰아내신지라"라고 되어 있다. 여기서 "몰아내다"(εκβαλλω; 에크발로)라는 동사는 마가복음 1장 39절에서 귀신을 "쫓아내다"라고 할 때도 사용한 용어이다. "이에 온 갈릴리에 다니시며 그들의 여러 회당에서 전도하시고 또 귀신들을 내쫓으시더라(εκβαλλω; 에크발로)."

광야에서 시험 받기 직전 예수님은 세례를 받으셨다. 왜 성령께서는 예수님이 세례를 받자마자 광야로 쫓아내셨을까?

성령께서 예수님을 광야로 쫓아낸 것은 광야의 시험을 치르지 않고는 그가 진정으로 하나님의 아들임을 세상에 보여 줄 수가 없기 때문이었다. 예수께서 세례를 받으실 때 "이는 내 사랑하는 아들이요 내 기뻐하는 자"라고 하는 하늘의 음성을 들었다.

그렇다면 그 다음 순서는 예수님이 진정으로 하나님의 뜻에만 순종하는 하나님의 아들임을 드러내는 혹독한 고난과 시험을 치르는 것이었다. 따라서 예수님은 오직 자신과만 마주해야 하는 절대 고독의 장소 광야에서 시험을 당해야 했고, 이를 위해 성령께서는 예수를 광야로 쫓아내신 것이다. 그리고 이곳에서 사탄은 예수를 유혹했다.

이것은 오늘날에도 마찬가지이다. 여러분 자신을 보거나, 주변에 있는 성도들을 둘러보라. 광야로 내몰려 갈등하고 박해 받고 고난을 당하는 자들이 누구인가? 불순종하는 자들인가? 순종하는 자들인가?

성도들을 유심히 관찰해 보면, 갈등하고, 박해 당하고, 고난을 당하는 사람들은 보통 불순종하는 사람들이 아니라 순종하는 사람들이다. 불순종하는 사람들은 광야에 들어가 고난 당하기 싫어서 심지어 광야로 몰아가는 성령의 인도에도 순종하지 않는다. 가만히 내버려 두어도 성령께 불순종하며 사탄이 좋아하는 일을 하는 사람을 사탄이 공연히 괴롭힐 리가 없다. 그래서 이런 사람들은 갈등도, 박해도, 고난도 당하지 않는다.

그러나 성령에 이끌리는 사람들은 광야로 들어갈 수밖에 없다. 고독과 굶주림과 사탄의 유혹이 있다는 것을 알면서도, 순종하는 사람들은 성령께 쫓기다시피 광야로 들어가는 것이다. 사탄은 이런 사람들을 내버려 두면 골치 아파지기 때문에 유혹을 해 넘어트리려고 한다. 그러기에 순종하는 사람들이 오히려 고난을 당하는 경우가 많다.

하나님의 사람은 불 시험을 겪지 않고선 이루어질 수 없다

2013년도 가을에 아들의 대학 수시 면접이 있어서 한동대학교를 다녀온 적이 있다. 김영길 총장님께서 학부모들 앞에서 한동대의 정신을 소개하면서 자신이 감옥에 갔다온 간증을 잠깐 하셨다.

한동대에 가면 중요한 두 개의 건물 로비에 하나님의 창조로부터 세상 종말에 이르는 거대한 인간 역사를 보여 주는 연대표를 만들어 놓고, 그 안에 한동대가 어느 시점에 위치해 있는지를 보여 주는 그림을 벽에 붙여 놓았다.

이 연대표에 보면 김영길 총장님이 2001년 5월 11일에 1심에서 국고금 전용죄 등으로 징역 2년을 선고 받고 법정 구속되었다가 53일 만에 보석으로 석방되고, 12월 28일 고등법원에서 무죄 판결을 받은 사건이 적혀 있다.

학교 사정이 어려워져 교수들에게 3개월간 월급을 주지 못할 때가 있었는데 '교육개혁 특성화 대학' 공모에서 일등을 해 받은 13억 원의 국고 지원금으로 우선 월급을 지급하고, 바로 직후에 후원금으로 충당한 일이 있었다고 한다.

그런데 일부 인사들이 국고금 횡령으로 총장님을 고발한 것이었다. 이렇게 해서 감옥에 들어갔을 때 이야기가 김영길 총장님이 쓰신 『신트로피 드라마』라는 책 안에 실려 있다. 그 중에 한 부분을 발췌해 보겠다.

내 나이, 예순 둘. 어쩌다가 이곳에 눕게 되었는가? 35명이 나란히 누운 그 좁은 방에서 나는 하나님 앞에 벌거벗은 영혼으로 섰다. 솔직히 이틀 동안은 어찌해야 할지 정신이 없었다. 그때까지 힘겹게 학교를 이끌어 오면서 교도소까지 오게 될 줄은 미처 몰랐기 때문이다. (그 후에야) 나를 교도소로 이끄신 하나님의 뜻을 생각하기 시작했다.[4]

저는 지금 하나님 앞에 절대적으로 아무것도 없이 서 있습니다. 이름도, 명예도, 지위도, 자존심도, 염려도 없이 서 본

적이 없습니다. 비록 지금 고통과 슬픔이 있을지라도 저는 모든 것을 벗어 버리고 진정한 자유를 누리고 있습니다. 지금까지 앞만 보고 달려왔는데, 이제 하나님이 저를 잠시 멈추게 하셨습니다. 이 특별한 곳에서 특별한 방법을 통해 저를 자유케 하시고, 저를 일대일로 만나 주고 계십니다. 이곳이 제 기도의 자리이며 제가 주님을 만나는 다락방입니다.[5]

이런 경험을 하고 난 후에 김영길 총장님은 같은 책에서 이렇게 고백하고 있다.

하나님의 일은 불 시험을 겪지 않고서는 이루어질 수 없다. 믿음의 선진들인 요셉, 다니엘, 에스더, 모르드개, 예레미야, 바울과 사도들도 고난과 시련이라는 거룩한 불을 통과했듯이, 하나님의 자녀인 우리들도 불 시험을 통과해야 했다.… 온갖 박해와 고난, 무수한 시련들은 우리를 연단시키는 하나님의 불이었다. 그러나 불의 온도를 주관하시는 분은 하나님이시다. 가장 알맞은 뜨거움으로 우리를 연단시킬 하나님을 신뢰해야 한다.[6]

이것은 우리들도 마찬가지이다. 회심하고 예수를 믿고 하나님의 자녀가 되었다고 끝난 것이 아니다. 우리의 믿음이 진짜인지 가짜인지를 드러내는 광야의 시련과 시험을 통과해야 한다. 성령의 인도함을 받아 광야로 들어가 사탄의 유혹을 받으며 광야의 시련을 통과하지 않은 사람은 진정한 하나님의 자녀일 수가 없다.

따라서 우리가 광야의 시련을 받을 때에는 이상하게 생각해서는 안 된다. 광야에서 사탄의 유혹을 이겨낼 때만이 진정한 하나님의 자녀임을 드러낼 수 있기 때문이다.

02
유혹은 환경이 아니라 인간 내부에 있다

예수님이 광야에서 받으신 시험을 보면 의문이 드는 게 또 하나 있다. 하나님의 자녀들이 당연히 시험을 치러야 한다는 점을 받아들인다 하더라도 왜 하필 '광야'에서 시험을 받는 걸까?

성경은 광야의 한적한 곳에서 사탄이 예수를 유혹했다는 사실을 강조하고 있다. 일반적으로 생각해 보면 광야란 우리를 유혹하는 것이 없는 장소 아닌가?

시기심을 유발하는 다른 인간의 존재도, 욕심낼 만한 멋진 물건도, 어떠한 매력도 쾌락도 없는 곳이기에 유혹 받을 까

닭이 전혀 없는 장소다. 그런데 바로 거기서 예수께서 유혹을 받으셨다니 도대체 어떤 의미일까?

유혹의 장소가 광야인 이유

예수께서는 인간의 대표로서 유혹은 외부로부터 인간에게 던져지는 것이 아니라 인간 내부에서 생기는 것임을 보여 주기 위해 아무것도 없는 광야 한복판에서 시험을 치르고 있는 것이다.

인간은 외부에 꼭 유혹거리가 있어야 유혹을 받는 존재가 아니라, 부패한 마음속에서 이미 유혹을 받고 있는 존재임을 예수님은 이 시험을 통해 보여 주고 계시다. 예수께서는 나중에 이것을 이렇게 보충 설명하셨다.

"너희도 이렇게 깨달음이 없느냐 무엇이든지 밖에서 들어가는 것이 능히 사람을 더럽게 하지 못함을 알지 못하느냐 …… 사람에게서 나오는 그것이 사람을 더럽게 하느니라 속에서 곧 사람의 마음에서 나오는 것은 악한 생각 곧 음란과 도둑질과 살인과 간음과 탐욕과 악독과 속임과 음탕과 질투와 비방과 교만과 우매함이니 이 모든 악한 것이 다 속에서 나와서 사람을 더럽게 하느니라"(막 7:18, 20-23).

이렇게 인간의 마음은 부패하였기에 인간은 '어디서라도 항상 유혹 당하는' 존재이다. 외부의 유혹거리가 없어도 인간은 언제나 '이미 유혹 속에 처해 있는' 존재이다.

자기 욕심이라는 미끼를 물다

그래서 야고보 사도는 이렇게 말했다.

"오직 각 사람이 시험을 받는 것은 자기 욕심에 끌려(εξελκω; 엑셀코) 미혹됨이니(δελεαζω; 델레아조) 욕심이 잉태한즉 죄를 낳고 죄가 장성한즉 사망을 낳느니라"(약 1:14-15).

여기서 미혹되다(δελεαζω; 델레아조)라는 동사는 '미끼로 꾀다'(to entice by bait)라는 의미의 낚시(fishing) 용어이다.

물고기가 미끼에 유혹되어, 낚싯바늘을 무는 순간 낚시에 걸리게 된다. 그렇다면 우리 각 사람에게 미끼란 인간 밖에 있는 것이 아니라, 인간 안에 있는 자기 욕심이라고 야고보는 지적하고 있다.

야고보는 시험을 받는 것은 자기 욕심 때문이며, 이 욕심이 <u>스스로</u> 미끼가 되어 낚싯바늘을 무는 순간 낚시에 걸려 죄를 짓고 끝내는 사<u>망으로</u> 나아가게 된다는 것을 이렇게 설명하고 있는 것이다.

독일의 유명한 기독교 윤리학자요 탁월한 설교자인 헬무트 틸리케는 이런 진리를 이렇게 지적하고 있다.

유혹이란 마치 성전 안으로 던져진 횃불처럼 밖으로부터 이를 테면 사과나 뱀이나 '여러가지 기회'로 우리 속에 던져지는 것이 아니요, 우리 자신이 유혹 당하는 자인 것이요 기회가 발생하기 전에라도 우리는 언제나 이미 유혹 속에 처해 있는 것이다. 이러한 이유로 인하여 우리는 유혹으로부터 멀리 도피할 수가 없다. 그러나 다만 하나님께서 우리를 유혹에 들지 않게 하

시기를 기도할 뿐이다.⁷⁾

인간은 비록 실제로 도둑질을 하지 않더라도 그가 이미 도둑이기 때문에 도둑질할 유혹을 받는 것이다. 인간은 비록 자기의 형제를 실제로 죽이지 않더라도 그 자신이 이미 살인자이기 때문에 사람을 죽이려는 유혹을 받는 것이다. … 인간은 비록 실제로 전심전력을 기울여 진리를 위해 싸우며 거짓말에 대항한다 하더라도, 거짓말 하려는 유혹이 남아 있다는 인생의 이 근본적인 법칙을 변경할 수는 없는 것이다. 우리의 내부에서 유혹의 심연은 입을 벌리고 있다. … 이것이 바로 유혹에 대해서 우리 모두가 두려움을 느끼는 이유이다. '오호라 나는 곤고한 사람이로다 이 사망의 몸에서 누가 나를 건져내랴'(롬 7:24).⁸⁾

욕심을 잉태한 순간 죄를 낳는다

틸리케의 말을 들으면서 야고보 사도의 말이 생각난다.

"욕심이 잉태한 즉 죄를 낳고 죄가 장성한즉 사망을 낳느니라"(약 1:15).

야고보의 말은 우리에게 유혹이 얼마나 무서운 것인지를 실감나게 보여 주고 있다.

아기를 잉태하면 10개월이 지나 아이를 낳게 된다. 아이를 잉태한 순간 아이를 낳는 것은 자연스럽게 이어지는 일이다. 이와 마찬가지로 욕심을 잉태한 순간 죄를 낳는 것은 이미 예정된 것이라고 야고보 사도는 경고하고 있다.

그뿐만이 아니다. 아이가 태어나면 자연적으로 나이를 먹으면서 자라게 된다. 그리고 장성한 후에는 반드시 죽게 마련이다.

이 세상에 태어나게 되면 나이를 먹어가고 죽지 않은 사람이 있던가! 태어나면 장성하다가 죽는 것이 자연의 필연적인 법칙이다. 마찬가지로 죄도 장성하게 되면 끝내 사망을 낳는 것이라고 야고보 사도는 경고한다.

그렇다면 우리는 무엇을 조심해야 하는가? 야고보 사도는 "자기 욕심에 끌려(εξελκω ; 엑셀코) 미혹되지(δελεαζω ; 델레아조)" 않도록 조심해야 한다고 충고하고 있다.

자기 욕심에 끌려 미혹되면 인간은 누구나 죄를 낳고 끝내는 사망에 이르게 된다는 점을 오늘을 살아가는 우리들은 특히 주의해야 한다.

마 4:3-4

3. 시험하는 자가 예수께 나아와서 이르되 네가 만일 하나님의 아들이어든 명하여 이 돌들로 떡덩이가 되게 하라

4. 예수께서 대답하여 이르시되 기록되었으되 사람이 떡으로만 살 것이 아니요 하나님의 입으로부터 나오는 모든 말씀으로 살 것이라 하였느니라 하시니

Part

떡의 유혹 :
"배고프면 스스로 떡을 만들어 먹어"

01

"돌로 떡덩이가 되게 하라"
굶주린 예수님이 돌로 떡을
만들어 먹는 것이 왜 유혹일까?

광야의 시험에서 사탄의 첫 번째 유혹은 돌로 떡을 만들라는 것인데, 이게 왜 심각한 유혹인지 잘 이해가 안 된다.

아무도 보는 이 없는 광야다. 게다가 하나님의 아들이신 예수께서 40일간이나 금식하셨다. 주린 배를 채우기 위해 돌로 떡을 만들어 먹는다고 해서 무엇이 그리 큰 문제가 될까? 이 점을 집중적으로 살펴보도록 하자.

예수님은 돌로 떡을 만들 능력이 있다

앞서 우리는 유혹거리가 없어도 이미 유혹 속에 빠져 있는 존재가 인간임을 살펴보았다. 그렇다면 과연 인간 예수는 유혹을 이겨낼 수 있을까 궁금해진다. 40일간 금식한 후에 주리신 예수께서 과연 유혹을 이겨내고, 진정한 하나님의 아들의 모습을 보여줄 수 있을까? 우리의 호기심이 커져 가는 바로 그때 시험하는 자가 등장한다.

"네가 만일 하나님의 아들이어든 명하여 이 돌들로 떡덩이가 되게 하라."

사탄은 40일 금식으로 굶주린 예수님께 나아와서 돌들로 떡덩이가 되게 하라고 유혹한다. 배고픈데 왜 굶주린 채로 있느냐는 것이다.

하나님의 아들이라면 얼마든지 돌을 떡덩이가 되게 할 수 있는 능력이 있는데 왜 그 능력을 쓰지 않느냐 말한다. 하나님이 자기 아들이 배고픈 채로 있는 것을 원하실 리가 없으니 얼마든지 돌로 떡덩이를 만들어 배고픔을 면하라고 속삭인다. 실제로 예수님은 나중에 오병이어로 5000명을 먹이시는 기적을 보여 주시며 돌로 떡을 만들 수 있는 능력이 있음을 보이셨다.

사탄의 말은 예수님에게 유혹이었다. 왜냐하면 유혹은 실현 가능한 조건 아래에서만 실제 유혹이 되기 때문이다. 나에게 돌로 떡을 만들라고 하면 전혀 유혹이 될 수 없다. 나에게는 돌로 떡을 만들 능력이 아예 없기 때문이다. 그러나 예수님은 돌로 떡을 만들 능력이 있을 뿐 아니라 허기지신 상태이셨다. 그렇기에 돌로 떡을 만들라는 사탄의 제안은 실로 유혹이 아닐 수 없었다.

예수께서도 우리와 동일하게 유혹을 받으셨다

우리에게는 예수께서 굶주린 후에 돌로 떡을 만들라는 유혹을 받으셨다는 것이 정말로 큰 위로가 된다. 예수께서 먹고 사는 문제와 아무 상관없는 고차원의 신학적이고 철학적인 문제로 마귀의 유혹을 받은 것이 아니라 우리와 동일하게 떡의 문제로 유혹을 받으셨기 때문이다.

인간은 누구나 매일같이, 그것도 삼시 세끼 밥을 먹어야 살 수 있는 존재이다. 소설가 김훈은 밥을 먹어야만 사는 인간의 비애를 이렇게 아들에게 말한다.

아들아, 사내의 삶은 쉽지 않다. 돈과 밥의 두려움을 마땅히 알라. 돈과 밥 앞에서 어리광을 부리지 말고 주접을 떨지 말라. 사내의 삶이란, 어처구니없게도 간단한 것이다. … 사내의 한 생애가 무엇인고 하니, 일언이폐지해서, 돈을 벌어 오는 것이다. 알겠느냐? 이 말이 너무 심하다고 생각하느냐. 그렇지 않다. … 이 세상에는 돈보다 더 거룩하고 본질적인 국면이 반드시 있을 것이다. 그런데 애야, 돈이 없다면 돈보다 큰 것들이 이루어질 수 있겠느냐? … 물적 토대가 무너지면 그 위에 세워 놓은 것들이 대부분 무너진다. … 돈 없이도 혼자서 고상하게 잘난 척하면서 살 수 있다고 생각하지 말아라. 아마 그럴 수도 있겠지만, 그러지 말아라. 추악하고 안쓰럽고 남세스럽다.

우리는 마땅히 돈의 소중함을 알고 돈을 사랑하고 존중해야 한다. 돈을 사랑하고 돈이 무엇인지를 아는 자들만이 마침내 삶의 아름다움을 알고 삶을 긍정할 수가 있다. … 돈이 있어야 밥을 벌 수 있다. 우리는 구석기의 사내들처럼 자연으로부터 직접 먹거리를 포획할 수가 없다. 우리의 먹거리는 반드시 돈을 경유하게 되어 있다. … 이 세상이 우리에게 보여주는 모든 먹이 속에는 낚싯바늘이 들어 있다. 우리는 먹이를 무는 순간에 낚싯바늘을 동시에 물게 된다. 낚시를 발려먹고 먹이만을 집어먹을 수는 없다. 세상은 그렇게 어수룩한 곳이 아니다. 낚싯바늘을 물면 어떻게 되는가. 입천장이 꿰어져서 끌려가게 된다. 이 끌려감의 비극성을 또한 알고, 그 비극과 더불어 명랑해야 하는 것이 사내의 길이다. 돈과 밥의 지엄함을 알라. 그것을 알면 사내의 삶의 가장 중요한 부분을 아는 것이고 이걸 모르면 영원한 미성년자다. 돈과 밥을 위해서, 돈과 밥으로 더불어 삶은 정당해야 한다. 알겠느냐? 그러니 돈을 벌어라. 벌어서 아버지에게 달라는 말이 아니다. 네가 다 써라. 나는 나대로 벌겠다.[9]

먹이를 무는 순간에 낚싯바늘을 동시에 물 수밖에 없고, 낚싯바늘을 무는 순간 입천장에 꿰어져 끌려가는 비극을 경험하면서도 명랑함을 잃지 말아야 하는 것이 사내의 길이란 김

훈의 말을 듣고 있노라면, 나 역시 가장으로서 눈물이 난다. 한 가정의 가장들이 밥벌이를 하려고 애쓰다 욕심에 스스로 낚이면서 입천장이 다 찢어져 만신창이가 되어 버린 것은 아닌가라는 느낌이 들기 때문이다.

어디 남자들만 그런가? 여자들 역시 어머니가 되면 자녀들 명문 대학 보내기 위해 입시 정보 얻어 내려고 하다가 학원과 언론에 낚이면서 입천장이 다 찢어지고 있다. 이렇게 보면 남자 여자 모두 입천장이 찢어졌다.

그리스도인들도 세상에서 밥을 먹고사는 것이 정말 쉽지 않다. 어느 개그 프로의 대사처럼 "너 그래 가지고 밥 빌어먹고 살겠니?"라는 말을 들을 수밖에 없는 세상을 우리 모두 살아가고 있다.

바로 먹고사는 문제에서 우리가 사탄의 유혹을 가장 심각하게 받는다는 점이 오늘 성경 본문의 요점이다. 이렇게 떡을 먹는 문제는 사탄의 유혹을 가장 깊게 받는 부분이기에 새 아담인 예수께서는 이런 위기 가운데서도 오직 하나님만을 신뢰하시는 분임을 드러내기 위해 성령에 이끌리어 광야로 나가시게 된 것이다.

이렇게 예수께서는 우리와 동일하게 떡의 문제로 광야에서 시험을 받으시며 친히 우리의 형제가 되셨기에, 우리가 밥벌이로 고통 당하며 때로 굶주릴 때 진정으로 우리를 위로하실 수 있다.

02
"사람이 떡으로만 살 것이 아니요"
주변에 돌만 있어도
때에 맞게 떡을 주실 하나님을 신뢰하라

예수께서는 단순히 굶주림을 겪으시면서 우리의 처지를 이해하시는 우리의 형제만 되신 것이 아니다. 예수께서는 친히 사탄의 유혹을 이겨내심으로 우리의 구원주와 우리의 주인이 되셨다.

예수께서는 네가 만일 하나님의 아들이어든 "돌로 떡을 만들어 먹으라"는 사탄의 유혹에 대해 이렇게 선언한다.

"기록되었으되 사람이 떡으로만 살 것이 아니요 하나님의 입으로부터 나오는 모든 말씀으로 살 것이라 하였느니라."

예수님의 말씀의 의미가 무엇인가? 사람은 '떡으로 사는 존재가 아니라, 하나님의 말씀으로 사는 존재'라는 것이다. 다시 말해 인간은 하나님만을 신뢰하고, 하나님의 말씀만으로 살아야 하는 존재로 창조되었다.

따라서 하나님의 아들로 자신은 얼마든지 돌덩어리를 떡으로 만들어 먹을 능력이 있지만, 사람이 되셔서 우리 가운데 거하기로 하셨기 때문에 그렇게 하지 않겠다고 선언하시고 있다. 새사람의 대표로서 예수는 먹고사는 문제에 있어서도 진정으로 성육신을 하신 것이다.

할 수 있지만 하지 않는 윤리

서울신학대학 교수였고 현재는 중앙성결교회를 담임하는 한기채 목사는 예수께서 첫 번째 유혹을 이기시는 모습을 '할 수 있지만 하지 않는 윤리'의 대표적인 예로 제시하고 있다.[10]

사탄의 메시지는 무엇입니까? '하나님의 아들'은 부여받은 권능을 활용해서 현생에서 위대한 입신양명자로 드러나야 한다는 거짓말을 수용하게 합니다. 어려운 일, 불가능한 일을 척척 해낼 때 '하나님의 아들'이라는 칭호를 인정할 수 있다는 것입니다. 교묘한 유혹입니다. 하나님이 주신 능력과 은사를 자신을 위해서 사용하라는 것입니다. 자신의 목적 달성을 위해서 하나님을 사유화하라는 것입니다. 이것은 공(公)의 사유화(私有化)에 다름 아닙니다. 결국 이 첫 번째 요구를 수용하게 되면 하나님의 아들은 물질, 권세, 명예를 얻기 위해서 하나님의 능력을 오용하는 길로 나아갈 것입니다.

예수님은 이런 요구를 결연히 거부하셨습니다. 못 해서가 아니라 옳지 않기 때문입니다. 하나님의 아들이라는 것과 능력을 내 것인 양 사용하는 것은 연관이 없습니다. 하나님의 자녀로서 받는 하나님의 능력은 주신 분의 뜻을 이루며 교회 공동체에 덕을 세우기 위함입니다. 이런 것을 유념하지 못할 때 문제가 생깁니다. 우리는 이런 유혹을 종종 받고 있습니다. 이런 유혹을 이기기 위해서는 "할 수 있지만 하지 않겠다"는 확고한 결단이 필요합니다. 바울은 모든 것이 가하나 모든 것이 유익한 것이 아니라고 했습니다. 자신이 할 수 있는 권리를 가졌지만 그리스도와 복음을 위하여 그 권한을 내려놓겠다고 했습니다(고전 9:12).

'할 수 있지만 하지 않겠다'는 윤리는 사회 각 분야에 요구됩니다. 자기에게 주어진 권한을 다 쓰지 않고 내려놓는다는 것은 때로 어렵습니다. 목회를 해보니 담임목사로서 주어진 권한도 크고 마땅히 누려도 되는 것들도 많다는 것을 발견합니다. 이런 것들을 누리는 것이 불법은 아니지만 덕이 되지 않는 경우도 많습니다. 그럴 때는 그리스도와 복음을 위해서 자발적으로 내려놓고 포기해야 합니다. 최근의 생태, 의료, 기술 분야에서도 마찬가지입니다. 인간복제, 줄기세포 연구, 유전자 조작 연구 같은 것은 인간의 존엄성을 침해할 가능성이 농후해서 기술적으로 가능하더라도 허용할 수 없는 것들이 많습니다. 비극이 자명하게 예견되는 경우도 있습니다. 스스로 규제하고 한계를 긋는 노력이 필요합니다. 과학기술의 발전으로 못할 일이 거의 없어진 현대는 더더욱 이런 윤리적 태도가 필수적입니다. 그렇지 않다면 인류는 '판도라의 상자'를 다시 여는 어리석음을 범하게 될 뿐입니다. 갈수록 우리에게 많은 권한과 능력이 주어집니다. 그것을 남용하거나 이기적인 목적으로 사용할 경우가 많습니다. 공직자, 사업가, 교사 모든 분야의 사람들이 자신의 특권을 내려놓는 운동을 벌였으면 좋겠습니다.

예수께서는 이렇게 '하실 수 있지만 하지 않는 윤리'를 따라 현재의 단계에서는 굶주림을 견디면서 하나님이 떡을 주실 때까지 기다리는 것이 진정한 하나님의 아들의 자세임을 보여 주신 것이다.

이렇게 예수께서는 하나님의 뜻을 순종하기 위해서라면 육체적 굶주림이나 그 어떤 고통이라도 감수할 준비가 되어 있었다. 그리고 이를 통해 예수님은 오늘 우리의 영원한 구원의 근원이 되신 것이다. 이에 히브리서 기자는 이렇게 선언하고 있다.

"그가 아들이시면서도 받으신 고난으로 순종함을 배워서 온전하게 되셨은즉 자기에게 순종하는 모든 자에게 영원한 구원의 근원이 되셨도다"(히 5:8-9).

그렇다면 이렇게 예수께서 마귀의 유혹을 이기고 승리할 수 있었던 비결은 무엇일까? 그 비결은 크게 두 가지로 볼 수 있다.

굶주림을 경험하셨기에 유혹을 이기셨다

첫째, 예수께서는 금식을 통해 굶주림을 경험하셨기에 오히려 승리할 수 있었다. 배부르고 등 따스우면 오히려 유혹을 이기기가 힘든 법이다. 그런 점에서 우리는 배부를 때를 조심해야 한다.

몇 년 전 북한 금강산 관광이 가능할 때, 우리 학교 교수들이 부부 동반으로 금강산에서 세미나를 한 적이 있다. 아내와 함께 버스를 타고 남북 분단의 경계선을 넘는 순간 아내가 창밖을 내다보다가 갑자기 탄성을 쏟아냈다. 내가 밖을 내다보니 키가 크고 잘생긴 헌병이 멋진 선글라스까지 끼고 경례를 하고 있었다. 아들 또래의 늠름한 헌병의 모습을 보고 내 아내가 영어로 무엇이라고 한지 아는가?

"So Hot!"

아마도 자기보다 키가 작은 나와 20여 년을 살다가 갑자기

키 크고 잘생긴 청년을 보니 자기도 모르게 탄성이 쏟아진 것 같다. 남자인 내가 보아도 그 헌병은 너무 멋졌다. 따라서 자연스럽게 감정을 표현할 줄 아는 아내가 'So Hot'이라고 한 것은 너무나 당연한 것이었다. 그럼에도 불구하고 왜 나에게는 단 한 번도 'So Hot'이라고 해준 적이 없을까, 약간 서운한 마음이 밀려왔다.

그래서 버스에서 내려 식당에 들어가 이런 저런 이야기를 나누다가 아내가 헌병에게 'So Hot'이라고 했다고 말하면서 왜 나한테는 한 번도 'So Hot'이라고 한 적이 없는지 모르겠다고 하니까, 농담을 잘하는 선배 교수님 한 분이 내 배를 가리키면서 이렇게 말했다.

"김 교수는 'So Hot'이 아니고, 'So Full'이야. 이 배를 어떻게 해봐. 그래야 'So Hot'이 되지."

이 말에 다 함께 한바탕 웃었던 기억이 난다. 이 이야기를 그저 웃자고 농담으로 꺼낸 것이 아니다. 우리의 배가 'So Full'이면 사람이 떡으로만 사는 줄로 착각하기 쉽다는 걸 말하기 위해 언급한 것이다.

배부르고 등이 따스하면, 사람이 하나님의 입으로부터 나오는 말씀으로 산다는 사실을 잊어버리기 쉬움을 신명기에서 이미 경고하고 있다.

"네 하나님 여호와께서 네 조상 아브라함과 이삭과 야곱을 향하여 네게 주리라 맹세하신 땅으로 너를 들어가게 하시고…… 네가 심지 아니한 포도원과 감람나무를 차지하게 하사 **네게 배불리 먹게 하실 때에** 너는 조심하여 너를 애굽 땅 종 되었던 집에서 인도하여 내신 **여호와를 잊지 말라**"(신 6:10-12).

인간은 누구나 배불리 먹게 되면, 하나님이 누구신지, 자신이 누구인지 정체성을 잊기 마련이다. 그래서 하나님께서는 종종 우리를 낮추시고 시험하시며 우리를 굶주리게 하시는 것이다. 예수께서 마귀의 유혹을 물리칠 때 사용하신 신명기 말씀에서 이를 분명하게 밝히고 있다.

"네 하나님 여호와께서 이 사십 년 동안에 네게 광야 길을 걷게 하신 것을 기억하라 이는 너를 낮추시며 너를 시험하사 네 마음이 어떠한지 그 명령을 지키는지 지키지 않는지 알려 하심이라 너를 낮추시며 너를 주리게 하시며 또 너도 알지 못하며 네 조상들도 알지 못하던 만나를 네게 먹이신 것은 사람이 떡으로만 사는 것이 아니요 여호와의 입에서 나오는 모든 말씀으로 사는 줄을 네가 알게 하려 하심이니라"(신 8:2-3).

예수께서 성령에게 내몰리셔서 광야에 들어가 40일 동안 굶주리신 것은 "사람이 떡으로만 사는 것이 아니요 여호와의 입에서 나오는 모든 말씀으로 사는 줄"을 보여 주시기 위함이었다.

이렇게 40일간 굶주리신 후에 사탄의 유혹을 이겨 내시고 나서, 비로소 주님은 우리에게 이렇게 위로하신다.

"지금 주린 자는 복이 있나니 너희가 배부름을 얻을 것임이요 지금 우는 자는 복이 있나니 너희가 웃을 것임이요"(눅 6:21).

혹시 지금 주리고 있는가? 그렇다 해도 낙심하지 말라. 우리가 주님으로 인해 배부름을 얻게 될 것이다. 혹시 지금 울고 있는가? 그렇다 해도 낙심하지 말라. 우리가 주님으로 인해 웃게 될 것이다. 왜냐하면 주님은 육신이 되어 우리의 형제가 되셨기에 우리의 굶주림과 우리의 애통을 알고 계시기 때문이다.

하나님을 향한 신뢰가 있기에 유혹을 이기셨다

둘째, 예수께서 마귀의 유혹을 이기고 승리할 수 있었던 승리의 비결은 무엇일까?

오직 하나님 아버지만 의지하고 하나님의 말씀만 신뢰하셨기 때문이다. 예수께서는 성부 하나님에 대한 절대적인 신뢰의 태도를 가지고 있었다.

"너희 중에 누가 아들이 떡을 달라 하는데 돌을 주며 생선을 달라 하는데 뱀을 줄 사람이 있겠느냐? 너희가 악한 자라도 좋은 것으로 자식에게 줄 줄 알거든 하물며 하늘에 계신 너희 아버지께서 구하는 자에게 좋은 것으로 주시지 않겠느냐?"(마 7:9-10).

예수께서는 성부 하나님이 '떡을 달라는데 돌을 주시는 분'이 아님을 신뢰하고 있었다. 주변에 돌만 있었다는 것은 아직 아버지께서 떡을 주실 때가 아니라고 생각하신 것이다. 따라서 하나님의 아들인 예수께서는 돌로 떡을 만들 능력이 있었으나, 아버지를 신뢰하였기에 돌을 가지고 떡을 만들 수는 없었다. 이런 태도야말로 진정한 하나님의 아들의 모습인 것이다.

이렇게 예수님처럼 절대적으로 하나님만 신뢰하자 하나님께서는 적절한 시기에 하늘의 양식을 내려 주셨다. 광야의 유혹 본문의 마지막 구절인 11절을 보면 "이에 마귀는 예수를 떠나고 천사들이 나아와서 수종드니라"라고 되어 있다. 여기서 "수종든다"는 단어는 디아코네오(διακονεω)로 "식탁에서 시중들다"(wait on someone at table)란 뜻이다.

아버지의 뜻이 아직은 굶주리는 것이라면, 굳이 돌로 떡을 만들어 먹지 않겠다고 하시자, 결국은 마귀가 떠나고 천사들이 예수님을 식탁에서 시중든 것이다.

지금도 하나님은 역사하신다

한동대에서 교수 예배 설교나 구약 세미나 등을 부탁 받아

인도하게 되면서 김영길 총장님과 교제를 하는 가운데 깊은 감동을 받았다. 식사를 하면서 총장님은 53일간 자신이 감옥에 갇혀 있는 동안에 무슨 일이 일어났는지 아느냐고 물으셨다.

한동대가 돈이 없어서 총장이 구속되었다는 이야기를 전해 듣고 수많은 교인들이 헌금을 해 하루에 8천만 원 정도의 기부금이 들어왔다는 것이었다. 53일 만에 고등법원 항소심에서 무죄로 풀려나자, 교직원들이 농담을 했다고 한다. "한 달만 더 감옥에 계시다가 나오시면 헌금이 더 많이 들어왔을 텐데 왜 벌써 나오셨습니까?"

지금도 하나님께서는 자기 자녀들이 스스로 돌로 떡을 만들어 먹지 않는다면, 하나님의 때에 자기 자녀들에게 떡을 나누어 주시는 자상한 하늘의 아버지이시다.

우리 힘으로는 떡의 유혹을 이길 수 없다

우리는 지금 어떤가? 지금 하나님이 떡을 주시지 않고 있음에도 스스로 돌로 떡을 만들어 먹고 있진 않을까? 그것이

결국은 우리의 불순종의 증거이며 사탄의 떡인지도 모르고 돌로 떡을 만들어 먹고 있는 것은 아닌가?

한국 교회는 과거에는 돌로 떡을 만들 능력이 없었다. 따라서 그렇게 유혹이 크지 않았던 것이 사실이다. 그러나 한국 교회는 현재 수많은 인재들과 사회적으로 영향력이 있는 인사들은 물론 경제적 능력까지 갖추게 되면서 돌로 떡을 만들 능력까지 갖추게 되었다. 그러자 이제는 스스로 돌로 떡을 만들어 먹고 있다.

이런 상황에서 우리는 우리의 힘으로는 결코 이 유혹을 이길 수 없음을 고백해야 한다. 왜냐하면 우리를 유혹하는 거대한 심연이 우리 앞에 놓여 있는 것이 아니라, 우리 안에 있기 때문이다.

혹 살면서 지금까지 천 번 이상 심연을 뛰어넘어, 실제로 도둑질이나 살인이나 중대한 거짓말을 하지 않았다 하더라도, 여전히 욕망의 깊은 심연이 우리 안에서 입을 벌리고 있다. 그리고 밥벌이와 자녀 교육이라는 낚싯바늘에 달린 미끼 때문에 우리는 언제 그 바늘을 물지 모른다.

지금까지는 그 유혹을 잘 뛰어넘었더라도, 우리 힘만으로는 이 유혹을 지속적으로 이길 수 없음을 고백해야 한다. 우리와 동일하게 육체를 입고 이 땅에 오셔서 끝내는 사탄의 유혹을 이기고 우리의 구원주가 되신 예수님을 우리의 경기장 안으로 모셔야 한다.

헬무트 틸리케는 이런 진리를 이렇게 멋지게 선언하고 있다.

보라 나는 내가 힘입어 살고 있는 그분을 경기장 안으로 불러 모신다. 사탄아, 네가 겨뤄야 하는 상대는 그분이시고 내가 아니다. 그분은 나의 태양이시요 나의 방패시다(시 84:11). 보라, 나는 전적으로 그로 말미암아 살고 있는 것이요. 사탄아 네가 주는 떡으로 사는 것이 아니다. 그러한 이유 때문에, 아니 오직 그 이유 하나만으로 나는 하나님의 아들인 것이다. 그러나 너는 그것을 결코 이해하지 못할 것이다. 어떻게 이해할 수 있을 것인가?[11]

그렇다. 예수 그리스도의 도움 없이는 우리는 결코 유혹을 이길 수 없다. 하나님의 도움 없이는 한국 교회는 결코 세상의 유혹을 견뎌낼 수 없다.

그러나 우리 주님을 의지한다면 우리는 얼마든지 유혹을 이겨낼 수 있다. 굶주릴 때는 성령에 쫓겨 광야로 들어가 40일 동안 금식하시고 주리신 주님을 생각하면 진정한 하늘의 위로를 받을 수 있다.

사탄의 유혹으로 내 안에 깊은 욕망의 심연이 입을 벌리게 될 때, 오직 아버지만 절대적으로 신뢰하며 하나님의 말씀으로만 살 것이라고 외치고 승리하신 그리스도를 묵상하면 우리는 그분으로부터 이겨낼 힘을 얻을 수 있다.

왜냐하면 우리 주님은 우리의 연약함을 아시는 우리의 형제일 뿐 아니라, 사탄의 유혹을 이겨내시고 끝내는 승리하신, 우리의 구원자 능력의 주가 되시기 때문이다. 우리 주님은 우리의 힘이시요, 우리의 반석이며, 우리의 요새이시요, 환난의 날에 우리를 구하실 구원의 뿔이시다.

마 4:5–7

5. 이에 마귀가 예수를 거룩한 성으로 데려다가 성전 꼭대기에 세우고
6. 이르되 네가 만일 하나님의 아들이어든 뛰어내리라 기록되었으되 그가 너를 위하여 그의 사자들을 명하시리니 그들이 손으로 너를 받들어 발이 돌에 부딪치지 않게 하리로다 하였느니라
7. 예수께서 이르시되 또 기록되었으되 주 너의 하나님을 시험하지 말라 하였느니라 하시니

Part

안전 보장의 유혹 :
"하나님은 네 안전과 편안을 지키는 분이잖아"

01

"하나님의 아들이면 뛰어내리라"
하나님의 말씀을 인용한 마귀의 말이 왜 유혹일까?

마귀의 두 번째 유혹에 대한 이 말씀은 언뜻 쉬워 보이지만 조금만 자세히 들여다보면 몇 가지 의문이 생긴다.

첫째, 5절을 보면 "마귀가 예수를 거룩한 성으로 데려다가 성전 꼭대기에 세우고"라고 되어 있다. 어떤 사람들은 "왜 예수님께서 마귀가 하자는 대로 따라가시는지 이해가 안 된다"라고 말한다. 왜 예수님께서 마귀에게 끌려다니시는 것 같을까?

둘째, 왜 마귀는 다른 곳이 아닌 성전 꼭대기에서 뛰어내리라고 한 것일까? 어떤 사람은 성전 꼭대기란 "높은 곳과 거룩한 곳"을 가리키는데 사회적 지위가 높거나 영적인 사람들도 시험에 빠지기 쉽다는 의미로 해석하기도 한다. 과연 이 본문은 그런 메시지를 전하는 걸까?

셋째, "하나님의 아들이라면 성전 꼭대기에서 뛰어내리라"는 마귀의 제안은 천사들이 보호하는 모습을 보여 달라는 것으로, 별 문제가 되는 내용이 아닌 것 같다.

게다가 "하나님께서 그의 사자들을 명하시리니 그들이 손으로 너를 받들어 발이 돌에 부딪치지 않게 하리로다"라는 사탄의 말은 시편 91편에 나오는 하나님의 약속이다. 예수께서 한번쯤 이런 표적을 행하면 하나님의 아들임을 쉽게 증명할 수 있을 것이다. 그런데 왜 이게 심각한 마귀의 유혹일까?

이런 세 가지 의문을 염두에 두면서 본문 안으로 들어가 보도록 하겠다.

왜 예수님은 마귀가 하자는 대로 끌려다니실까?

첫째로 '왜 예수께서는 마귀에게 끌려다니시는가'에 대해 살펴보자. 언뜻 보면 예수께서 그냥 마귀를 따라가지 않으시면 되는 것 아니냐고 쉽게 생각할 수 있다.

그러나 이는 시험과 유혹의 성격을 잘 몰라서 하는 말이다. 이 세상에 시험과 유혹을 스스로 원해서 받겠다는 사람이 어디에 있는가? 다시 말해 시험이란 우리의 의지와 상관없이 주어지는 것이다. 따라서 예수께서도 수동적으로 마귀의 시험을 받을 수밖에 없었다.

적지 않은 해석자들이 그리스도께서 받은 유혹의 수동성을 무시한다. 심지어 칼 바르트는 그의 책 『교회 교의학』에서 그리스도께서 능동적으로 유혹에 스스로를 노출시켰다고 주장한다.

(예수를 제외한) 모든 다른 인간은 유혹을 스스로 찾는 것을 피할 수 있을 뿐 아니라 마땅히 피해야 한다. 그러나 그리스도

께서는 그렇게 하실 수 없었다. 그리스도께서는 수동적으로
가 아니라 능동적으로 유혹을 담당하셔야 했다. 후에 그리스
도께서 눈을 뜨고 십자가의 죽음을 향해 예루살렘으로 가신
것과 마찬가지이다. 성령께서 그를 몰아가신 것은 이런 능동
성으로이다.

그러나 오늘 본문은 예수 그리스도께서 수동적으로 유혹
을 당하셨음을 분명히 보여 주고 있다. 예수께서는 "성령에
이끌리어"(마 4:1), 아니 성령에 내쫓겨 광야로 들어가셔서 유
혹을 당하신 것이다.

누구의 동행도 없이 혼자, 어떤 일상적인 양식의 공급도 없
이 40일간 광야로 내몰리셨다. 그리고 광야에서 사탄의 유혹
을 당하셨다.

우리는 광야에서 시험을 치러야 하는 존재

이것은 예수 그리스도뿐 아니라 그를 따르는 모든 제자들
에게도 마찬가지이다. 사실상 하나님의 백성은 누구나 수동

적으로 시험을 받을 수밖에 없는 존재이다.

성경에서 '시험하다'(בָּחַן 나사; πειραζω 페이라조)라는 동사가 처음 쓰인 곳은 하나님께서 아브라함에게 이삭을 제물로 바치라며 시험하는 장면이다(창 22:1).

하나님께서 아브라함이 100세 때 낳은 독자 이삭을 번제로 바치라고 하며 아브라함을 '시험'하신 이유가 무엇일까? 창세기 22장 12절을 보면 "네가 네 아들 네 독자까지도 내게 아끼지 아니하였으니 내가 이제야 네가 하나님을 경외하는 줄을 아노라"라고 말씀하신다.

이렇게 하나님은 자신을 경외하는지 아닌지를 알아보기 위해 자기 백성을 시험하시는 분이시다. 따라서 하나님의 백성은 시험을 피할 수가 없다.

'시험하다'(בָּחַן; 나사)는 동사가 두 번째로 등장하는 곳은 출애굽기 15장이다. 이스라엘이 홍해를 건넌 후에 광야로 들어섰는데 전혀 예상치 못한 시련이 기다리고 있었다. 사흘 동안 광야 길에서 물을 마시지 못한 채 '마라'에 도착했으나 그곳 물이 써서 마실 수가 없었다. 그러자 이스라엘 백성들이 모세를 원망했다. 모세가 하나님의 지시대로 한 나무를 물에 던지니 그제야 물이 달게 되었다.

그렇다면 이스라엘이 물 때문에 시련을 당한 이유는 무엇인가? 출애굽기 15장을 보자.

"거기서 여호와께서 … 그들을 **시험**(נסה; 나사)하실 새 이르시되 너희가 … 나 여호와의 말을 들어 순종하고 … 내 모든 규례를 지키면 내가 애굽 사람에게 내린 모든 질병 중 하나도 너희에게 내리지 아니하리니 나는 너희를 **치료하는 여호와임이라**"(출 15:25-26).

'마라'의 시련이 없었다면 어떻게 이스라엘의 하나님이 치료하는 여호와인줄 알 수 있었겠는가? 따라서 여호와께서는 자신이 '쓴 물을 단물로 만드시는 하나님'이심을 드러내심으로, 이스라엘 백성이 오직 '치료하시는 여호와'만을 신뢰하며 살아가도록 단련하기 위해 '마라'의 시련을 주신 것이다.

하나님의 시험과 마귀의 유혹

혹시 '예수님은 마귀에게 유혹을 당한 것이고, 이스라엘은 하나님께 시험을 당한 것이 아니냐'고 의문을 던지는 분이 계실지 모르겠다. 좋은 지적이다. 사탄은 우리를 넘어트리려고 '유혹'하는 반면에 하나님은 우리를 단련시키기 위해 '시험'하시는 게 사실이다.

앞에서도 언급했듯이 인간 편에서는 '사탄의 유혹'과 '하나님의 시험'을 구분하기가 어렵다. 왜냐하면 사탄은 하나님에게 시험 받는 사람을 유혹할 수도 있고, 하나님께서는 사탄의 유혹을 계기로 한 사람을 연단할 수도 있기 때문이다.

예를 들어 욥이 당한 시련은 사탄의 유혹일까, 아니면 하나님의 시험일까? 욥기 2장 3절을 보면 욥의 시련 속에는 사탄의 유혹과 하나님의 시험이 다 들어 있다.

"네(사탄)가 나(여호와)를 충동하여 까닭 없이 그를 치게 하였어도 그가 여전히 자기의 온전함을 굳게 지켰느니라"(욥 2:3).

욥의 경우에서 알 수 있듯이 사탄의 유혹도 하나님의 손길이 함께할 때에는 하나님의 시험이 되는 것이다. 반대로 하나님의 시험도 인간이 잘못 받을 때에는 사탄의 유혹으로 바뀔 수도 있다.

놀랍게도 욥은 사탄으로 인한 시련을 하나님의 시험으로 받아들이며 이렇게 노래한다. "내가 가는 길을 그가 아시나니 그가 나를 단련하신 후에는 내가 순금같이 되어 나오리라"(욥 23:10).

이것은 이 본문에서도 마찬가지이다. 마태 기자는 4장 1절에서 "예수께서 성령에 이끌리어 마귀에게 시험을 받으러 광야에 들어갔다"라고 묘사하면서 마귀의 유혹을 성령에 이끌린 시험으로 묘사하고 있다.

우리의 인생길은 하나님의 시험과 사탄의 유혹이 널려 있는 광야이기에 위험하기 짝이 없다. 홍해를 기적으로 건넜다고 해서 모든 것이 해결되는 것은 아니다. 광야 길을 가는 동안 고난의 순간이 오면 우리는 시험을 치르고 있다는 사실을 명심해야 한다.

시련 가운데 당신이 누구인지 증명하라

1993년에 5년 반 정도의 유학을 마치고 귀국을 했다. 모교에서 전임 교수로 초빙한다고 해서 부랴부랴 박사 학위 논문을 마치고 계획보다 1년 정도 일찍 귀국했는데, 와보니 나의 보직이 시간 강사로 되어 있었다.

나에게 빨리 들어오라고 했던 학과장님은 안식년으로 외국에 나가 버리시고, 나는 어쩔 수 없이 1년 2개월 동안 시간 강사를 하게 됐다.

상황은 더 안 좋았다. 돈이 없어 남의 집에 얹혀살게 되었고, 직장 의료 보험이 안 되어 지역 의료 보험에 가입하고, 자동차가 없어 학생들의 통학 버스를 타고 양지까지 출퇴근을 해야 했다. 게다가 한동안 학생들이 수업 거부를 하는 바람에 몇 달은 강의료조차 받지 못했다.

나를 잘 아는 목사님과 대화하면서 이런 고충을 이야기하자, 그 목사님은 아무런 도움도 주시지 않고 이렇게 충고하셨다.

"김 강도사님, 당신이 누구인지 하나님과 사람 앞에서 보이세요."

현실적으로 전혀 도움이 안 되는 충고에 처음에는 조금 섭섭했다. '지금까지 충분히 보여 주었는데, 무엇을 또 보여 주어야 하나.'

그러나 1년 2개월의 시간을 보내면서 내내 그 목사님의 말씀이 생각이 났다. '그래, 나는 지금 시험을 치르는 중이다. 그렇다면 고난을 통해 내가 어떤 사람인지 하나님과 사람 앞에서 보여야만 한다.'

고난은 기회다

지금 고난 가운데 있다면 기억해야 한다. 이 고난을 통해 하나님의 살아 계심을 경험하고 하나님의 말씀의 신빙성을 맛볼 수 있는 절호의 기회라는 사실을 말이다.

한 교회에서 3박 4일 사경회 동안 9번의 설교를 한 적이 있었다. 사경회 기간 동안 교회 집사님들이 돌아가며 강사 식사 대접을 해주셨는데 한 집사님께서 한 번이 빈다는 이야기를 듣고는 이미 식사 대접을 해주셨는데 또 대접을 하겠다고 하셨다.

그래서 내가 두 번이나 대접해 주시는 이유가 무엇이냐고 물으니까, 하나님께서 축복해 주셔서 사업이 너무 잘된다는 것이었다. "비결이 무엇이냐"고 여쭈었을 때 그분이 한 말을 나는 잊을 수가 없다.

"사업이 힘들거나 위기를 당하면 저는 오히려 두 배로 헌신을 했습니다. 그랬더니 하나님께서 열 배로 갚아 주셨습니다."

그렇다. 고난의 시간은 하나님의 살아 계심을 경험할 수 있는 절호의 기회이다. 고난은 고통스럽지만 오히려 하나님의 말씀이 '얼마나 바르고 진실하며, 얼마나 달콤하고 사랑스러우며, 얼마나 강력하며 위로가 가득한 것인지' 알게 되는 최고의 기회이다.

지금 고난의 때를 지나고 있다면 하나님만 신뢰하며 오히려 배로 헌신해 볼 것을 권하고 싶다. 그러면 하나님의 살아 계심을 경험하게 될 것이다.

왜 마귀는 성전 꼭대기에서 뛰어내리라고 할까?

이제 두 번째 의문, 왜 하필이면 예루살렘 성전 꼭대기로 데리고 가서 뛰어내리라고 한 것일까? 이를 살펴보도록 하자.

성전 꼭대기란 어디인가?

'성전 꼭대기'가 어디를 가리키는지에 대해서는 세 가지 이론이 있다. '꼭대기'란 헬라어 단어(πτερυγιον ; 프테뤼기온)가 '끝(end)', '모퉁이(edge)', '제일 높은 곳(highest point; pinnacle)'이란 다양한 의미를 가지고 있기 때문이다.

첫째, "프테뤼기온"(πτερυγιον)을 제일 높은 곳으로 본다면, 예루살렘 성전 자체의 가장 높은 꼭대기를 가리키는 것으로 볼 수 있다.

둘째, "프테뤼기온"(πτερυγιον)을 모퉁이로 본다면, 성전 외벽(temple mount)의 모퉁이로 볼 수 있다. 그렇다면 성전 벽의 남동쪽 모퉁이나 남서쪽 모퉁이 둘 중에 하나일 가능성이 크다.

일부 학자들은 성전 외벽의 남동쪽 코너가 가장 유력하다고 본다. 이곳은 아래로 깊은 기드론 골짜기와 바로 연결되는 곳인데, 무려 그 높이가 약 140m 정도가 된다고 한다.

요세푸스에도 이곳은 높이가 약 140m나 되는 아찔한 높이의 벽으로 성전 뜰 남동쪽에 있는 벽이었다고 쓰여 있다. 유대 전승은 예수님의 형제인 야고보가 이곳에서 골짜기 아래로 던져져서 순교했다고 한다.

여기서 뛰어 내리면 기드론 골짜기 바닥으로 떨어져 확실하게 죽기 마련인데[12] 예수께서 여기서 떨어졌는데 죽지 않는다면 많은 이들을 놀라게 할 수 있다는 것이다.

셋째로, 영국의 저명한 주석학자인 윌리엄 바클레이는 성전 꼭대기를 성전 외벽 남서쪽 코너로 보는데, 바로 이 아래에서 "나팔 부는 장소로"(to the place of trumpeting; 비명의 나머지 부분은 불완전하다)라는 글이 쓰인 돌이 발견되었다고 한다.[13]

이 세 가지 해석 가운데 성전 꼭대기란 아침 제사 시간을 알리기 위해 제사장이 나팔을 불던 성전 외벽의 남서쪽 코너일 가능성이 가장 크다고 생각한다.

  성전 마당에서 제사장들이 아침 제사를 드리려고 준비하고 있고, 백성들이 성전 뜰 안으로 들어설 때에, 제사장들이 나팔을 부는 성전 꼭대기에서 예수님이 서 계시다가 천사의 도움으로 손끝 하나 다치지 않고 무사히 성전 마당으로 내려온다고 상상해 보라.[14] 이보다 더 멋진 표적이 어디에 있을까?

마귀의 가면: 거룩한 성, 성전 꼭대기, 하나님의 말씀

  마귀가 굳이 거룩한 성, 성전 꼭대기로 데려간 이유가 바로 여기에 있다. 마귀는 경건의 가면을 쓰고 유혹하기 때문이다. 마귀의 말을 들어보면 잘 알 수 있다.

> "네가 만일 하나님의 아들이어든 뛰어내리라 기록되었으되 그가 너를 위하여 그의 사자들을 명하시리니 그들이 손으로 너를 받들어 발이 돌에 부딪치지 않게 하리로다 하였느니라."

마귀가 인용한 말씀은 시편 91편인데 여호와의 성전에 거하는 자들은 인생의 어떤 위협으로부터도 안전을 보장받는다는 내용이 핵심이다.

"네가 말하기를 여호와는 나의 피난처시라 하고 지존자를 너의 거처로 삼았으므로 화가 네게 미치지 못하며 재앙이 네 장막에 가까이 오지 못하리니, 저가 너를 위하여 그 사자들을 명하사 네 모든 길에 너를 지키게 하심이라 저희가 그 손으로 너를 붙들어 발이 돌에 부딪히지 않게 하리로다 네가 사자와 독사를 밟으며 젊은 사자와 뱀을 발로 누르리로다"(시 91:9-13).

이보다 더 멋진 약속의 말씀을 성경 어디에서 찾을 수 있을까? 마귀의 성경 지식은 정말 놀랍다. 이에 루터는 사탄의 성경 지식은 신학 박사였던 자신을 녹일 정도였다고 고백한 적이 있다.

더욱이 사탄의 유혹은 경건하기 그지없다. 사탄은 우리가 흔히 만화에서 보듯 유황 냄새 풍기며 뿔 달린 괴물의 모습으로 예수님을 공격하고 있지 않다. 이에 독일의 유명한 설교자인 헬무트 틸리케는 "마귀가 소유하고 있는 가장 위험한 가면은 하나님의 가면"이라고 지적한다.15)

> 그렇다. 하나님의 말씀, 경건함, 예배, 종교, 기적, 표적 등은 악한 적의 가장 강력한 무기이다. … 그리고 유혹자는 하나님과 예수 그리스도가 계실 만한 자리에 서 있는 것처럼 보여서 사람들이 "보라 여기 그리스도가 있다. 저기 그리스도가 있다"(마 24:23)라고 말할 만큼 가장 강력하다.16)

성전에서 뛰어내리라는 마귀의 말이 왜 유혹이 될까?

그러나 겉으로는 경건해 보이고 어떤 해도 없어 보이는 마귀의 제안은 매우 심각한 유혹이다. 그 이유가 무엇일까?

만일 예수께서 마귀의 말을 듣고 성전 꼭대기에서 뛰어내린다면, 하나님께서 아들을 보호하기 위해 천사를 보낼 수밖에 없게 된다. 그렇다면 마귀가 지령을 내리면, 하나님의 아들은 뛰어내리고, 하늘에 계신 하나님은 시중들 천사를 내려 보내는 모양이 연출된다.

결국 마귀의 말을 듣고 성전 꼭대기에서 뛰어내린다면, 예수의 왕국은 사탄의 뜻에 지배를 받는 사탄의 왕국이 되는 꼴이다.

관건은 하나님의 뜻이다

따라서 겉으로 볼 때는 아무런 해가 없는 것처럼 보이지만 사탄의 말은 무서운 유혹이 된다. 문제는 하나님이 성전 꼭대기에서 떨어지는 예수님을 보호할 능력이 있으신가 없으신가가 아니다. 하나님은 얼마든지 자기 아들을 보호할 능력이 있으시다.

관건은 지금 하나님의 아들이 성전에서 떨어지는 것이 '아버지의 뜻이냐 아니냐'이다. 여기서는 결국 누구의 뜻이냐가 중요하다. "하나님의 뜻인가? 내 뜻인가? 아니면 유혹하는 자의 뜻인가?"

예수께서는 아들로서 아버지의 뜻을 행하기 위해 보냄을

받았다는 점을 한시도 잊은 적이 없다. 하늘 아버지께서 안전을 책임져 주실 줄 믿고 아버지의 뜻만을 행하는 것이 아들의 소명임을 잘 알고 있었다. 그렇기 때문에 하늘 아버지가 보호하실지 안 하실지 시험할 필요가 없는 것이다. 그저 아버지만을 신뢰하고 아버지의 뜻을 행하면 된다. 이에 예수께서는 마귀에게 선언하셨다.

"또 기록되었으되 주 너의 하나님을 시험하지 말라 하였느니라."

마귀가 하나님의 말씀을 인용하자 예수께서는 신명기 6장 16절 말씀을 인용하여 물리치셨다. 신명기 말씀은 이렇다.

"너희가 맛사에서 시험한 것 같이 너희 하나님 여호와를 시험하지 말고."

그렇다면 '맛사'에서 무슨 일이 있었던 것일까?

이스라엘이 거꾸로 여호와를 시험하다

출애굽기 17장을 보면 이스라엘이 출애굽하여 르비딤에 도착하였을 때, 마실 물이 없어 목이 마르게 되었다. 이 때 이스라엘 백성들이 다 죽게 되었다고 원망하자, 하나님께서는 호렙 산의 반석을 쳐서 물이 나오게 하심으로 이스라엘을 구원하셨다.

그 후에 모세는 그곳 이름을 '시험하는 곳'이란 의미에서 "맛사"라고 불렀는데, 그 이유는 그곳에서 "이스라엘이 여호와를 시험하여 이르기를 여호와께서 우리 중에 계신가 안 계신가 하였기" 때문이라고 7절에서 밝히고 있다.

하나님께서 이스라엘을 시험하려 하셨는데, 거꾸로 이스라엘이 "여호와께서 우리 중에 계신가 안 계신가" 시험한 곳이 바로 맛사이다.

우리는 여기서 잘못하면 하나님이 내신 시험을 치르기보다는 오히려 하나님을 시험하면서 주객이 전도될 수 있다는 사실을 주목해야 한다.

내가 36살의 나이에 처음 강의를 시작했던 20년 전만 하더라도 50대 대학원생들이 제법 많이 있었다. 학기말 고사로 문제를 4개 출제하고 그중에서 3개를 골라 서술식으로 답을 쓰는 주관식 문제를 냈는데, 한 답안지가 나의 이목을 집중시켰다. 내가 낸 문제에는 아무 답을 하지 않은 채 다음과 같은 문구가 실려 있었다.

"교수님, 저는 낙도에서 목회를 하는 50대 후반의 전도사입니다. 죄송하게도 제가 공부한 것에서는 하나도 문제가 안 나왔네요. 어떻게 할까 하다 그래도 제가 공부를 했다는 점은 알려야 할 것 같아서 제가 공부한 것에서 제가 문제를 내고 답을 하려고 합니다. 양해해 주십시오."

이런 이야기와 함께 이분은 자기가 직접 문제를 내고 답을 썼다. 나는 이 답안지를 보고 웃음을 참을 수가 없었다.
나는 감정적으로는 충분히 그 전도사님의 상황을 이해할 수 있었다. 하지만 시험의 공정성 때문에 점수를 줄 수는 없었다. 시험을 치르는 사람이 시험 문제를 내서는 안 되기 때문이다.

02
"너의 하나님을 시험하지 말라"
말씀은 개인의 안전을 위한 호신용 부적이 아니다

성전 꼭대기에서 뛰어내리라는 마귀의 유혹에서도 이것은 마찬가지이다. 뛰어내리라는 마귀의 유혹은 하나님께서 예수님을 보호할지 안 할지 하나님을 시험하는 것이다. 게다가 시편 91편의 약속을 빙자하여 성전에서 뛰어내리는 것은 이 말씀을 호신용 부적으로 사용하는 것이다.

이에 예수께서는 시편 91편의 약속을 자신을 위한 호신용 부적으로 사용하기를 거부하시고는 "주 너의 하나님을 시험하지 말라"고 하신 것이다. 이것은 예수께서 십자가에 달리셨을 때에도 마찬가지였다.

"지나가는 자들은 자기 머리를 흔들며 예수를 모욕하여 이르되 성전을 헐고 사흘에 짓는 자여 네가 만일 하나님의 아들이어든 자기를 구원하고 십자가에서 내려오라 하며 그와 같이 대제사장들도 서기관들과 장로들과 함께 희롱하여 이르되 그가 남은 구원하였으되 자기는 구원할 수 없도다 그가 이스라엘의 왕이로다 지금 십자가에서 내려올지어다 그리하면 우리가 믿겠노라 그가 하나님을 신뢰하니 하나님이 원하시면 이제 그를 구원하실지라 그의 말이 나는 하나님의 아들이라 하였도다 하며 함께 십자가에 못 박힌 강도들도 이와 같이 욕하더라"(마 27:39-44).

공생애의 마지막 순간에도 예수님은 대제사장들과 장로들과 무리들에게 마귀의 유혹과 동일한 유혹을 받으셨다. "네가 만일 하나님의 아들이어든 십자가에서 내려오라."

우리는 여기서 어떻게 대제사장들과 서기관들과 장로들과 같은 경건한 무리들 안에서 사탄이 역사하는지를 눈으로 볼 수 있다. 이것은 지금도 마찬가지이다. 사탄은 지금도 때로는 경건한 사람들을 통해 하나님의 말씀을 빙자하여 하나님의 자녀들을 유혹하고 있다.

하나님의 아들이신 예수께서는 자신을 위해서라면 얼마든지 십자가에서 내려올 수 있었지만, 그렇게 하시지 않았다. 우리 주님은 자신에게 맡겨진 소명을 따라 자신의 생명조차 아버지께 맡기고 십자가의 길을 끝까지 간 것이다.

어떻게 해야 예수께서 하나님의 임재를 더 드러낼 수 있을까? 예수께서 성전 꼭대기에서 떨어질 때 아무런 해도 없이 보호받는 모습에서 사람들이 하나님의 임재를 경험할까? 아니면 십자가에서 자신을 못 박는 자들의 죄를 용서하시며 자신의 생명을 하늘 아버지에게 맡기는 예수님의 모습에서 하나님의 임재가 더 드러날까?

놀랍게도 이방인 백부장이 "이는 진실로 하나님의 아들이었도다"(마 27:54)라고 고백한 것은 예수께서 십자가에 못 박히시며 자신을 제물로 드리시는 모습을 목격했기 때문이었다. 예수께서는 예루살렘 성전을 허물고 3일 만에 새로운 성전을 짓기 위해 십자가 위에서 자신을 제물로 드리신 것이다.

시험을 참는 자는 복이 있나니

이제 이 말씀을 우리의 삶 가운데 적용해 보도록 하자. 지금 극심한 고난 가운데 있을지 모른다. 그렇다면 나는 지금 시험을 치르고 있다는 것을 기억해야 한다.

하나님만 바라보고 하나님의 말씀으로 고난을 이겨내라. 고난 가운데서 '하나님, 나와 함께 계시는 겁니까, 안 계시는 겁니까' 하면서 하나님을 시험하지 말고, 오히려 사탄에게 "주 너의 하나님을 시험하지 말라"고 외쳐야 한다. 야고보 사도는 말한다.

> "시험을 참는 자는 복이 있나니 이는 시련을 견디어 낸 자가 주께서 자기를 사랑하는 자들에게 약속하신 생명의 면류관을 얻을 것이기 때문이라"(약 1:12).

이렇게 고난은 처음에는 우리를 해치는 것처럼 보이지만, 고난을 겪고 나면 우리를 이롭게 하는 것이다. 고난 가운데 있는 분들 모두가 하나님의 말씀으로 모든 고난을 이겨내 끝내 약속하신 생명의 면류관을 얻게 되길 바란다.

고난이 없는 삶으로의 유혹

혹시 지금 삶 가운데 고난이 전혀 없는가? 그저 하루하루의 작은 행복에 만족하며 고난이 없는 것으로 기뻐하고 있는가? 그렇다면 혹시 하나님의 말씀대로 살고 있지 않기에 시련이 없는 것은 아닌지 자신을 돌아볼 필요가 있다.

지금도 사탄이 온갖 거룩한 장소에서 경건한 언어와 하나님의 약속을 가지고 시련이 없는 삶으로 우리를 유혹하고 있다. 하나님이 주신 소명은 내팽개치고 편안하게 살고 있는데도, 그저 성전에 나와 기도하며 하나님의 말씀을 듣고 있으면 안전할 것이라는 소리로 우리를 유혹하고 있다.

그렇다면 기억해야 한다. 아무리 달콤한 하나님의 약속의 말씀일지라도, 삶의 소명을 상실한다면 그것은 사탄의 말이 될 수 있다.

사실 우리에게 어떤 화나 재앙도 임하지 않도록 보호하시겠다는 시편 91편의 말씀만큼 위로가 되는 말씀이 어디에 있겠는가? 그러나 이 말씀은 여호와를 피난처로 삼고 하나님의 뜻에 순종하는 자들을 보호하시겠다는 약속이다. 하나님의 뜻과는 상관없이 무슨 일을 하든 하나님의 백성을 보호하시겠다는 약속이 아니다. 그런데 사탄은 이 약속의 말씀을 오히려 하나님을 시험하는 호신용 부적으로 전락시킨 것이다.

그러나 놀랍게도 주님께서는 사탄에 의해 호신용 부적으로 전락할 뻔한 말씀을 원래 의도대로 제자들에게 되돌려 주셨다.

"칠십 인이 기뻐하며 돌아와 이르되 주여 주의 이름이면 귀신들도 우리에게 항복하더이다 예수께서 이르시되 사탄이 하늘로부터 번개 같이 떨어지는 것을 내가 보았노라 내가 너희에게 뱀과 전갈을 밟으며 원수의 모든 능력을 제어할 권능을 주었으니 너희를 해칠 자가 결코 없으리라 그러나 귀신들이 너희에게 항복하는 것으로 기뻐하지 말고 너희 이름이 하늘에 기록된 것으로 기뻐하라 하시니라"(눅 10:17-20).

이 약속은 시편 91편의 약속과 동일하다. 주님은 사탄의 유혹대로 시편 91편의 약속을 자신의 안전을 위해서 호신용 부적으로 사용하지 않으셨다. 오히려 자신의 안전을 포기하고 십자가 위에서 자신을 제물로 드리심으로 우리의 생명이 되어 주셨다.

그리고 이 약속의 말씀을 제자들이 소명을 감당할 때 적용되는 안전 보장의 약속으로 다시 회복시켜 주셨다. 그렇다면 우리 역시 주님처럼 이 약속의 말씀을 의지하면서 아무리 핍박과 고난과 박해가 있어도 우리에게 주어진 소명을 담대히 감당해야 할 것이다.

맡겨진 사명을 감당하라는 소명의 요구

2002년 4월 14일 이른 새벽에 전화 한 통이 걸려 왔다. 받아 보니 구약을 가르치는 선배 교수였는데 오늘 하루만 자신의 과목을 대신해서 강의해 달라고 부탁하는 전화였다. 이유는 안대욱 선교사가 중국에서 교통사고를 당해 소천했고, 장례식을 위해 중국에 가야 한다는 것이었다.

안대욱 선교사는 총신대와 미국 웨스트민스터 신학교를 1987년에 졸업한 후에 템플 대학교 영어 교육학 박사 과정을 마치고 북경에서 1990년부터 선교를 시작해 12년 간 사역하다가 45세의 젊은 나이로 순교를 한 것이다. 안 선교사님의 장남, 당시 15세인 제이슨이 비문에 적은 글은 이렇다.

"주님을 사랑하는 충성스런 종, 주 예수의 부르심을 받아, 내가 원하는 바 나의 생명을 중국에 바칩니다."

나도 안 선교사님의 지하 신학교에서 강의를 한 적이 있었고, 몇 번 만나 뵈면서 너무나 신실한 분임을 알고 있었기에 큰 충격과 함께 한동안 강한 질책을 느꼈다.

'안 선교사는 이방 땅에서 주님께 생명을 바쳤는데 너는 무엇하느냐? 너는 네 생명을 지금 어디다 바치고 있는가?'

안대욱 선교사님이 늘 가지고 다니던 성경책에는 '창의적 선교 접근 지역에서의 사역 자세'라는 글이 붙여져 있었다고 한다.

"첫째, 아무리 그 어떤 고난과 핍박과 위협이 닥쳐와도 주님이 허락하신 때가 아니면 생명을 해하는 일이 발생하지 않는다."

"둘째, 그 어떤 고난과 핍박과 위협이 닥쳐와도 주님께서는 주의 종을 복음 전파하는 곳에 가게 하시고 복음을 전하게 하신다."

안 선교사님은 이런 담대함이 있었기에 위험이 늘 도사리고 있는 북경에서 복음을 전하다가 순교를 당하신 것이다. 밤 11시에 성경 공부를 끝내고 돌아오던 중에 뒤에서 덤프트럭이 들이받아 즉사하셨는데, 교통사고를 가장한 중국 공안의 살해일 가능성이 높다는 것이 당시 선교회 임원들의 공통적인 생각이었고 나 역시 그렇게 생각했다.

나는 안대욱 선교사님의 모습을 떠올릴 때마다, 주님이 우리에게 "뱀과 전갈을 밟으며 원수의 모든 능력을 제어할 권능을 주었으니 너희를 해칠 자가 결코 없으리라"고 하신 약속은 단순히 내 몸을 지키는 호신용 부적이 아님을 느끼게 된다.

오히려 우리 앞에 어떤 고난과 핍박과 위협이 닥쳐와도 두려워하지 말고 우리에게 주신 사명을 끝까지 감당하라는 소명의 요구임을 느끼게 된다.

비록 안 선교사님은 45세의 나이에 목숨을 잃었지만, 이 소명을 받아들이고 끝내는 자신의 생명을 예수님의 제단에 바치셨다. 우리는 젊은 나이에게 순교하지 않고 더 오래 사시면서 복음을 전하기를 바랐지만, 안 선교사님이 고난과 죽음의 위협 앞에서도 담대하게 말씀만 의지하며 복음을 전하다가 순교한 모습에서 하나님의 살아 계심과 말씀의 능력을 더 많이 경험하게 된다.

오늘 우리의 모습은 어떠한가? 육체적인 생명은 유지하고 있지만 우리의 생명은 어디에 바치고 있는가? 만일 우리가 사탄의 유혹에 빠져 영원한 생명을 잃는다면, 천하를 얻은들 무슨 소용이 있을까?

주님께서는 이렇게 말씀하셨다.

"누구든지 제 목숨을 구원하고자 하면 잃을 것이요 누구든지 나를 위하여 제 목숨을 잃으면 찾으리라 사람이 만일 온 천하를 얻고도 제 목숨을 잃으면 무엇이 유익하리요 사람이 무엇을 주고 제 목숨과 바꾸겠느냐"(마 16:25-26).

비록 우리가 소명을 감당하다가 육신의 생명을 잃는다 하더라도 주님께서는 우리의 영혼을 악으로부터 구원해 내시고 영생을 선물로 주신다. 그래서 주님께서는 "귀신들이 너희에게 항복하는 것으로 기뻐하지 말고 너희 이름이 하늘에 기록된 것으로 기뻐하라"고 하신 것이다.

에필로그

유혹에서 승리하신 그리스도 안에 머물라

그렇다면 우리가 하나님의 자녀로서의 소명을 어떻게 감당할 수 있을까?

비결은 하나이다. 마귀의 유혹을 이겨내고 승리하신 주님만을 바라보며 언제나 그분만을 신뢰하고 사는 것이다. 성전 꼭대기에서 뛰어내리라는 마귀의 유혹에도 너의 하나님을 시험하지 말라며 오직 아버지 하나님만을 신뢰하신 예수님을 '나의 하나님'으로 모신다면 우리는 얼마든지 마귀의 유혹과 고난을 이겨낼 수 있다.

십자가에서 내려오면 믿겠다는 대제사장과 장로들의 유혹

을 이겨 내고 끝까지 십자가 위에서 자신을 제물로 드려 우리의 영원한 성전이 되어 주신 그리스도 안에 머문다면 우리는 그 안에서 진정한 피난처와 요새를 발견할 수 있다.

나는 손양원 목사님을 다룬 다큐와 영화를 우연히 2년 연속 보게 되었다. 2013년에는 KBS성탄특집 "죽음보다 강한 사랑"을, 그리고 2014년에는 "그 사람, 그 사랑, 그 세상"이란 영화를 보면서 큰 감동을 받은 한편, 내가 목사라는 이름을 가지고 있다는 것이 한동안 너무나 부끄러웠다.

보기도 흉하고 냄새가 나는 나환자들을 대상으로 목회하는 것도 쉽지 않은데, 인간의 침이 나병에 도움이 된다고 해서 청년의 고름을 입으로 빨아낸 일화나 자신의 두 아들을 죽인 원수까지 사랑한 이야기는 듣고 또 듣고, 보고 또 보아도 쉽게 이해하기 힘든 삶이었다. 그런데 방송과 영화를 보면서 나는 이런 손양원 목사님의 삶이 가능했던 이유를 조금은 알게 되었다.

6.25 동란으로 애양원조차 위태로워지자 목사님들과 장로님들이 피신하기로 하고 배에 탄 후에 예배까지 드렸다고 한

다. 그런데 배가 출발하려고 하자 손양원 목사님은 성경 하나 달랑 들고 나와서 "먼저 가십시오. 나 하나 살겠다고 내 양떼가 죽는 것은 못 보겠습니다"라며 피난 가기를 거부하셨다고 한다.

손 목사님이 피난 가기를 거부한 이유가 무엇일까? 이 때 하신 손양원 목사님의 말씀은 커다란 감동과 울림으로 다가온다.

"이 세상의 어디에, 어디에 이 세상의 피난처가 있단 말인가?
주님의 사랑의 울타리 외에는 피난처가 없다."

주님은 "내가 너희에게 이르노니 성전보다 더 큰 이가 여기 있느니라"(마 12:6)라고 하셨다. 예루살렘 성전보다 더 큰 분이신 그리스도의 사랑의 그늘 아래 우리가 거하며 하나님의 자녀로서의 소명을 감당한다면 사탄은 우리의 머리털 하나도 건드리지 못한다.

우리를 사랑하셔서 자신의 생명까지 아끼지 아니하신 주님의 사랑 안에 우리가 거하면서 하나님을 사랑하고 이웃을 사랑하는 삶을 살아간다면 고난이든 박해든 핍박이든 심지어 죽음이든 우리를 조금도 해할 수 없다. 비록 악한 자들이 우리의 육체는 죽일 수 있어도 우리의 영혼은 죽일 수 없다.

여호와를 나의 피난처로 삼고 고난을 견디어 낸다면 "주께서 자기를 사랑하는 자들에게 약속하신 생명의 면류관"(약 1:12)을 우리 모두 얻게 될 것이다.

주

1) 권혁률, "그리스도의 '수난'과 '유혹'," 새가정 556 (2004. 5), 155.

2) 구미정, "예수의 마지막 유혹", 활천 640권 3호 (2007. 3.), 70.

3) 엘리자베스 엘리엇, 『전능자의 그늘』 (복 있는 사람), 193.

4) 김영길, 『신트로피 드라마』 (두란노), 102.

5) 김영길, 『신트로피 드라마』 (두란노), 108.

6) 김영길, 『신트로피 드라마』 (두란노), 92-93.

7) H. 틸리케, 『신과 악마 사이』, 마경일 역, 현대신서 95 (대한기독교서회), 44.

8) H. 틸리케, 『신과 악마 사이』, 마경일 역, 현대신서 95 (대한기독교서회), 163-164.

9) 김훈, 『너는 어느 쪽이냐고 묻는 말들에 대하여』 (생각의 나무), 13-15.

10) http://jtntv.kr/zbxe/?document_srl=46992009.04.07 00:41:22 497914_top.jpg

11) H. 틸리케, 『신과 악마 사이』, 마경일 역, 현대신서 95 (대한기독교서회), 101.

12) 월튼 외, 『IVP 성경 배경 주석』 (IVP), 1265

13) http://www.digbible.org/tour/pinnacle.html

14) 알프레드 에더스하임, 『메시아 2』 (생명의말씀사), 황영철-김태곤 역, 77.

15) H. 틸리케, 『신과 악마 사이』, 마경일 역, 현대신서 95 (대한기독교서회), 116. 이 단락의 논의는 틸리케의 글에서 영감을 받은 것이다.

16) H. 틸리케, 『신과 악마 사이』, 마경일 역, 현대신서 95 (대한기독교서회), 117.

사명선언문

너희가 흠이 없고 순전하여……세상에서 그들 가운데 빛들로
나타내며 생명의 말씀을 밝혀 _ 빌 2:15-16

1. 생명을 담겠습니다
만드는 책에 주님 주신 생명을 담겠습니다.
그 책으로 복음을 선포하겠습니다.

2. 말씀을 밝히겠습니다
생명의 근본은 말씀입니다.
말씀을 밝혀 성도와 교회의 성장을 돕겠습니다.

3. 빛이 되겠습니다
시대와 영혼의 어두움을 밝혀 주님 앞으로 이끄는
빛이 되는 책을 만들겠습니다.

4. 순전히 행하겠습니다
책을 만들고 전하는 일과 경영하는 일에 부끄러움이 없는
정직함으로 행하겠습니다.

5. 끝까지 전파하겠습니다
모든 사람에게, 땅 끝까지, 주님 오시는 그날까지
복음을 전하는 사명을 다하겠습니다.

서점 안내

광화문점 서울시 종로구 새문안로 69 구세군회관 1층
02)737-2288(T) 02)737-4623(F)

강남점 서울시 서초구 신반포로 177 반포쇼핑타운 3동 2층
02)595-1211(T) 02)595-3549(F)

구로점 서울시 구로구 시흥대로 577 3층
02)858-8744(T) 02)838-0653(F)

노원점 서울시 노원구 동일로 1366 삼봉빌딩 지하 1층
02)938-7979(T) 02)3391-6169(F)

분당점 경기도 성남시 분당구 황새울로 315 대현빌딩 3층
031)707-5566(T) 031)707-4999(F)

신촌점 서울시 마포구 서강로 144 동인빌딩 8층
02)702-1411(T) 02)702-1131(F)

일산점 경기도 고양시 일산서구 중앙로 1391 레이크타운 지하 1층
031)916-8787(T) 031)916-8788(F)

의정부점 경기도 의정부시 청사로47번길 12 성산타워 3층
031)845-0600(T) 031) 852-6930(F)

인터넷서점 www.lifebook.co.kr